Les Naufrageurs

DU MÊME AUTEUR

*Coups pour coups. **Petits secrets et grandes manœuvres du duel Hollande-Sarkozy**,* avec Nicolas Barotte, Éditions du Moment, 2012.

*Ça reste entre nous, hein ? **Deux ans de confidences de Nicolas Sarkozy**,* avec Frédéric Gerschel, Flammarion, 2014.

Madame la présidente, avec Ava Djamshidi, Plon, 2019.

Chérie, j'ai rétréci la droite !, avec Olivier Beaumont, Robert Laffont, 2021.

Nathalie Schuck

Les Naufrageurs

Comment ils ont tué la politique

ROBERT LAFFONT

© Éditions Robert Laffont, S.A.S., Paris, 2024
ISBN : 978-2-221-27349-4
Dépôt légal : mai 2024
Éditions Robert Laffont – 92, avenue de France 75013 Paris
serviceclients@lisez.com

*À Joy,
dans l'espoir que tu grandisses
dans un monde de citoyens éclairés.*

Prologue

« Je suis la mauvaise conscience d'Emmanuel Macron », aime à se présenter Jean-Louis Borloo. Alors que la campagne présidentielle s'étire péniblement, sans cap ni vision, en ces premiers jours de l'année 2022, la « mauvaise conscience », donc, a rendez-vous à dîner à l'Élysée. Brigitte Macron a tenu à participer aux agapes. Elle ne connaît que trop la propension des deux hommes à se chamailler. « Je ne peux pas les laisser tous les deux ! Jean-Louis est le seul, à part moi, à faire sortir Emmanuel de ses gonds », soupire la première dame. L'ancien ministre iconique de Jacques Chirac garde sur l'estomac l'enterrement sous des pelletées de terre de son rapport de « mâle blanc » sur les quartiers, quatre ans plus tôt, par celui même qui l'avait commandé. Ils se sont réconciliés depuis et partagent, quelques

Les Naufrageurs

fois par an, une bonne tablée. Une fois sur deux, ils « s'engueulent », mais le vieux sage garde une tendresse indulgente pour son cadet. Place, en préambule, aux flatteries d'usage. Emmanuel Macron, pour la forme, lui fait miroiter Matignon, qu'il a pourtant déjà promis – nul n'est dupe autour de la table – à une femme et dont son invité – il connaît sa réponse – n'a aucune envie. « Tu me parles d'un emploi fictif ! le rembarre gentiment Borloo. Tu n'as besoin ni d'un maquilleur, ni d'un éclairagiste.

– Sarkozy aurait dû te nommer Premier ministre à la place de Fillon, on aurait échappé à Hollande ! s'esclaffe le président candidat qui, retrouvant son sérieux, enchaîne sur le véritable objet de la rencontre. Comment tu sens les choses, Jean-Louis ? s'enquiert celui qui convoite le titre de premier sortant réélu sous la Ve République, hors de toute cohabitation, un exploit.

– Tu seras réélu sur les coudes, mais tu seras élu, parce que la bourgeoisie d'affaires ne voudra pas des extrêmes. La vraie question est : qu'est-ce que tu veux faire du pays ? » rétorque l'ancien maire de Valenciennes.

Hanté par la crise qui sape les fondements de la démocratie française, il n'est pas venu pour faire des courbettes. Il veut secouer le locataire de l'Élysée sur la faillite politique, sociale, morale, même,

Prologue

du pays. Borloo parle d'or : il reste dans l'imaginaire collectif comme l'un des derniers dinosaures de « l'ancien monde » à avoir donné le sentiment que la politique pouvait changer la vie, que le volontarisme pouvait braver les obstacles et contourner les « petits hommes gris », comme il se plaît à surnommer les agents de Bercy. Combien de fois, alors que toute la classe politique semble frappée d'opprobre, s'est-il fait héler dans la rue d'un : « Monsieur Borloo, revenez, on a besoin de gars comme vous ! »

« Pour commencer, esquisse-t-il, est-ce que tu acceptes, Emmanuel, que je dise que tu es surdoué ? Que tu es un jeune mec en pleine forme ? Que tu as une capacité de travail hors norme ? Que tu as eu une majorité à l'Assemblée et que tu as pu mettre qui tu voulais aux postes clés ? La réponse est oui. C'est un super pays, la France ! » Borloo connaît son Macron par cœur : toujours attendrir la viande avant de plonger la dague dans les chairs. « Si on est d'accord là-dessus, maintenant, réponds à ça : est-ce que depuis que tu es là – on va dire presque dix ans, entre ton poste de secrétaire général adjoint de l'Élysée et au ministère de l'Économie –, le logement va mieux ? enchaîne-t-il devant un Macron qui s'enfonce dans sa chaise. Est-ce que l'hôpital va mieux ? Est-ce que l'école va mieux ? Et l'énergie, la chaîne judiciaire, les prisons, l'autorité républicaine, la cohésion sociale, les Outre-mer, les comptes publics ? La réponse est non, donc on a un petit sujet. On a un super mec au pouvoir et tout continue à se dégrader ! »

De cet échange aigre-doux naîtra *L'Alarme*, manifeste de 92 pages que l'ancien ministre dictera d'une traite et fera livrer au chef de l'État, dressant le constat d'une France dont les murs porteurs se sont effondrés.

*

Par quel mystère Emmanuel Macron, ce jeune ambitieux qui promettait aux Français la « révolution » et une « République exemplaire » pour moderniser un système politique vermoulu, a-t-il échoué à renouer le fil de la confiance avec les électeurs ? « Je ferai tout pour qu'ils n'aient plus aucune raison de voter pour les extrêmes », promettait-il au soir de son sacre de 2017 dans la cour du Louvre. Dix-huit mois plus tard, groggy par la quasi-insurrection des Gilets jaunes, « Jupiter » confessait déjà n'avoir « pas réussi à réconcilier le peuple français avec ses dirigeants ». Triste aveu d'échec. Un quinquennat plus tard, plus de la moitié (55,6 %) des suffrages citoyens se portaient sur des candidats

Prologue

populistes, d'extrême gauche ou d'extrême droite, au premier tour de la présidentielle de 2022, à l'unisson de la vague brune qui a déferlé sur le continent européen, de Giorgia Meloni en Italie jusqu'aux alarmantes percées du Parti pour la liberté de Geert Wilders aux Pays-Bas et de l'AfD outre-Rhin. Avant Donald Trump à la Maison-Blanche et Marine Le Pen à l'Élysée demain ?

Chiffre tout aussi saisissant, 16 % des électeurs inscrits n'ont pris part à aucun scrutin lors de l'année 2022, une hausse de 4 points en vingt ans selon l'Institut national de la statistique et des études économiques (Insee). C'est peu sur le papier, vertigineux si l'on prend conscience que quasiment 8 millions de Français en âge de voter sur 48 millions d'inscrits ont fait le choix de déserter l'isoloir l'année de la présidentielle et des législatives. Dont un tiers des jeunes de 25 à 34 ans, et près d'un quart des ouvriers non qualifiés. Ce divorce civique, certes, percute tous les régimes démocratiques et la France, si l'on se réfère au taux d'abstention, s'en sort plutôt avec les honneurs. Loin de la Belgique où la participation électorale flirte avec les 90 % – depuis 1983, le vote y est obligatoire – mais mieux que les États-Unis où la plus disputée des présidentielles mobilise six électeurs sur dix, au mieux – 66 % pour le duel opposant

Les Naufrageurs

en 2020 Donald Trump à Joe Biden. Encore bien classé, l'Hexagone résiste mais est sur la pente glissante : plus d'un électeur sur quatre (26,3 %) ne s'est pas déplacé au premier tour de la dernière présidentielle et plus d'un sur deux (52,5 %) au premier tour des législatives qui ont suivi. Avec, à la clé, une Assemblée nationale ingouvernable et des extrêmes aussi bien servis que si le scrutin proportionnel était entré en application. Comme si, au ressentiment qui a explosé sur les ronds-points à l'automne 2018 puis contre la réforme des retraites, avait succédé une apathie civique qui profite mécaniquement aux extrêmes, dont les électeurs sont prompts à se mobiliser. Comme si une France silencieuse avait « zappé » des hommes et femmes politiques perçus comme impuissants à régler ses difficultés du quotidien, quand bien même ils s'en préoccuperaient encore. Ce n'est plus du désamour, pas davantage un cri de colère, c'est un désinvestissement massif de la vie de la cité et de ses rites électoraux. Un naufrage démocratique. Après l'électeur consommateur, c'est l'avènement du citoyen démissionnaire. « Je préfère qu'on parle de moi en mal qu'on ne parle pas de moi du tout », avait coutume de dire Nicolas Sarkozy lorsqu'il était au pouvoir, conscient que l'indifférence est le pire des maux. Nous y sommes.

Prologue

Comment la politique a-t-elle pu perdre à ce point sa part de sacré dans une France qui s'est toujours passionnée pour les joutes électorales ? C'est évidemment le fruit empoisonné de promesses si démesurées qu'elles ne peuvent être honorées – « vaincre le chômage de masse », « redresser les comptes publics », « plus aucun SDF dans nos rues » –, qui ont fait de la parole politique une langue creuse, presque morte. C'est le sentiment, bien sûr, que tout se décide ailleurs. C'est la parole trop souvent trahie des électeurs, du « non » au référendum de 2005 sur la Constitution européenne dont il fut fait peu de cas au « oui » à l'aéroport de Notre-Dame-des-Landes, prestement oublié. C'est aussi le produit d'une défiance envers des responsables publics dont le niveau s'est considérablement affaissé, au point de voir le chef de l'État clamer sa fierté d'avoir recruté des « amateurs ». La faute à des réformes populistes pour flatter l'électeur qui, à défaut d'être populaires, ont dissuadé nombre de talents de s'engager désormais au service de leurs concitoyens, produisant l'inverse du résultat escompté. Gare : à force d'excès de transparence, de mandats rabotés, de rémunérations plafonnées et de prérogatives réduites, on ne trouvera bientôt plus en politique que des moines

Les Naufrageurs

soldats prêts à tout sacrifier pour le bien public ou des personnalités narcissiques en quête effrénée de pouvoir et de reconnaissance. Le centriste Hervé Marseille, président de l'Union des démocrates et indépendants (UDI) et pilier du Sénat, qui traîne ses guêtres en politique depuis quatre décennies, caricature à peine : « Ce n'est plus la politique pour les nuls, c'est la politique par les nuls ! » « Ce qui nous pend au nez, c'est d'être vus comme des pantins qui s'agitent et qui ont moins de pouvoir que Cyril Hanouna. Tous ces hôtels particuliers décatis où il n'y a rien derrière, c'est grotesque... L'enjeu, c'est de savoir si la politique a encore du sens ou pas », tonne un poids lourd du gouvernement Attal. « La fonction politique est totalement dévaluée. Le député, aujourd'hui, est entre la prostituée et le dealer », se résigne, plus crûment encore, l'ancien ministre sarkozyste passé au Rassemblement national (RN), Thierry Mariani. Combien confessent *mezza voce* que, si c'était à refaire, ils songeraient à une autre carrière, dans le secteur privé ?

*

Pour comprendre les ressorts de cette désertion civique, nous avons voulu donner la parole aux

Prologue

principaux intéressés, premiers acteurs de cette machine qui s'est dangereusement grippée : les responsables politiques. Premiers ministres, actuels et anciens, poids lourds des gouvernements de Jacques Chirac, Nicolas Sarkozy, François Hollande et Emmanuel Macron, maires, patrons de parti, aspirants passés et présents à l'Élysée, hauts fonctionnaires, sages du Conseil constitutionnel et du Conseil d'État, préfets, conseillers de l'ombre, une soixantaine de personnalités de premier plan ont accepté de nous rencontrer. Tous grands serviteurs de l'État qui ont consenti maints sacrifices et rarement été payés de retour. Qu'ils soient remerciés de leur confiance. Loin de se chercher des excuses, pour beaucoup résignés au pire, ils nous ont livré leurs réflexions à cœur ouvert, plus lucides qu'on l'imagine et inquiets sur le risque que cette éclipse du politique ne conduise les Français sur des chemins bien plus périlleux encore que la vague dégagiste qui vit Emmanuel Macron accéder en 2017 à la fonction suprême face à Marine Le Pen. Un président benjamin de la Ve République à qui beaucoup de nos interlocuteurs reprochent d'avoir, à son corps défendant ou non, considérablement accéléré l'apathie civique, au profit des extrêmes, en réduisant le paysage politique à l'état de *ground zero*.

1

Le mirage du « et en même temps »

Si seulement Emmanuel Macron avait fait confiance à l'instinct de ses ministres les plus affûtés... À la mi-octobre 2020, à l'aube d'un deuxième confinement qui verra tous les commerces « non essentiels » baisser à nouveau le rideau et les humiliantes attestations de déplacement reprendre du service, Bruno Le Maire accueille quelques journalistes à Bercy[1]. « Hier, j'ai décaissé 1 milliard d'euros en deux heures ! » claironne-t-il pour illustrer la folie de ce temps où le Covid-19 rend commun l'impossible et où le « quoi qu'il en coûte » fait valser les comptes publics. « Une épreuve comme il en arrive tous les cinquante ans », philosophe-t-il.

---

1. Déjeuner avec des journalistes, dont l'auteure, 16 octobre 2020. Sauf mention contraire, toutes les citations de l'ouvrage sont issues d'entretiens conduits par l'auteure.

Les Naufrageurs

Bruno Le Maire est ce qu'on appelle un professionnel de la politique, un bien vilain mot en macronie. Fort de vingt ans d'expérience, il a suivi le *cursus honorum* des dignitaires de l'« ancien monde » : diplomate, haut fonctionnaire, directeur de cabinet de Dominique de Villepin à Matignon, conseiller régional de Haute-Normandie, député de l'Eure, ministre de haut rang, puis aspirant malheureux à l'Élysée. Loyal, il sait ce qu'il doit à Emmanuel Macron, qui l'a repêché malgré ses 2,4 % à la primaire de la droite et du centre de 2016 et a fait de cette ancienne figure des Républicains (LR) un ministre puissant, incontournable. Ils ne sont pas proches, pourtant, et ses chances d'accéder un jour à Matignon semblent minces. Le chef de l'État, dit-on, se méfie de cet homme dont il sait qu'il ne serait pas un collaborateur servile mais reviendrait à une lecture stricte de la Constitution de 1958 stipulant que le Premier ministre « dirige l'action du gouvernement », lequel « détermine et conduit la politique de la nation », selon les articles 20 et 21 de la Loi fondamentale. Loin de la verticalité jupitérienne.

D'une incroyable prescience, le ministre de l'Économie dépeint ce jour-là, avec une précision chirurgicale, ce qui adviendra vingt mois plus tard lors de la présidentielle et des législatives et qu'au-

Le mirage du « et en même temps »

cun stratège élyséen ne verra se profiler jusqu'à la dernière minute : une reconduction sans gloire du président, suivie d'une déflagration à l'Assemblée nationale, qui le contraindra à quémander une alliance avec la droite et à désigner, en toute cohérence, un Premier ministre issu de cette famille de pensée. « Ma conviction, énonce Bruno Le Maire, c'est que le président sera réélu mais qu'il n'aura pas de majorité. C'est à cela qu'il faut réfléchir dès maintenant. Il faut qu'il récupère toute la droite républicaine et libérale qui pense comme nous. Entre certains élus et nous, il n'y a pas une feuille de papier à cigarette. C'est exactement la même affiliation politique, génétique. Il faut que le président réussisse à fonder une majorité parlementaire qui englobe cette droite, anticipe-t-il, convaincu que les scrutins de l'an 2022 signeront l'avènement de coalitions à l'allemande. Les grands blocs majoritaires, c'est fini. La coalition naturelle du président sera avec des Républicains orphelins qui voudront accéder aux responsabilités », achève-t-il avec, dans la voix, un soupçon d'incertitude. Il n'ignore pas qu'une donnée pourrait invalider son raisonnement : l'attachement tripal du président, contre toute évidence politique, au mantra du « et en même temps ».

Les Naufrageurs

« Dépressurisation » présidentielle

Réélu par les Français à 58,5 %, Emmanuel Macron a une idée fixe : il veut une femme à Matignon, comme François Mitterrand en son temps, peu importe son pedigree politique. La mission est discrètement proposée à une personnalité de grand talent, qui l'avait impressionné lorsqu'elle pilotait le cabinet de Manuel Valls à Matignon : Véronique Bédague, première femme à occuper ce poste. Lorsqu'il était ministre de l'Économie, il a maintes fois croisé, avec Alexis Kohler, cette énarque de gauche au caractère enjoué qui, comme lui, parle cash. Elle a fait ses armes dans les cabinets de Laurent Fabius à Bercy ou de Bertrand Delanoë à l'hôtel de ville de Paris, avant de prendre les commandes du géant de l'immobilier Nexity. Alors qu'elle sort d'un rendez-vous à Matignon en ce printemps 2022, elle est interpellée par un journaliste, mis au secret de l'entretien d'embauche qu'elle vient d'avoir de l'autre côté de la Seine : « Madame Bédague, vous venez de l'Élysée. Quelle réponse allez-vous donner à la proposition qui vous a été faite ? » Elle manque de défaillir de stupeur sur le trottoir. L'information a fuité. Elle ne comptait pas donner suite et décline rapidement. Un autre profil s'invite sur la short-list, à l'autre bout de

Le mirage du « et en même temps »

l'échiquier politique. Celui de la présidente du Grand-Reims, Catherine Vautrin, ancienne ministre de Jacques Chirac. Elle a travaillé sous la tutelle d'un certain Jean-Louis Borloo, dont elle est une protégée. Une femme de droite, donc, aux positions conservatrices, qui fut porte-parole de campagne de Nicolas Sarkozy en 2016. Malgré un déjeuner chaleureux avec Emmanuel et Brigitte Macron en guise d'examen de passage, puis une rencontre avec le Premier ministre sortant Jean Castex, rue de Varenne (Paris 7e), pour faire le tour du propriétaire, Catherine Vautrin tombe sous les coups de la *fatwa* édictée par les grognards du président, François Bayrou et Richard Ferrand, soutenus par l'aile gauche de la macronie. Pas question de voir une opposante notoire au mariage gay prendre les commandes du gouvernement. Le président cède sous la pression.

Si bien que la nomination tarde dangereusement. La valse des prétendantes donne le tournis, sans que jamais soit érigée en priorité l'étiquette politique de l'intéressée. Les noms de Marisol Touraine et Audrey Azoulay, anciennes ministres de François Hollande, circulent. Celui aussi de Nathalie Kosciusko-Morizet, ancienne ministre de Nicolas Sarkozy. Une femme donc, un point c'est tout, quand le pragmatisme électoral devrait conduire à chercher d'abord

Les Naufrageurs

une personnalité de droite pour faire voter les deux promesses phares de campagne du président, la réforme des retraites et celle de l'immigration. Le 16 mai 2022, après trois semaines d'un accouchement au forceps, Élisabeth Borne fait son entrée à Matignon. Arrimé à son « et en même temps » comme à une bouée, bien décidé à ne pas se dédire, le président a choisi une polytechnicienne de gauche, ancienne préfète, jamais élue, pour piloter un gouvernement pour le moins illisible où se côtoient Damien Abad, dernière prise de guerre capturée chez LR – cette mauvaise manière ne portera pas chance –, et l'historien Pap Ndiaye, connu pour sa conception accommodante de la laïcité qui tranche avec celle de son prédécesseur, le très républicain Jean-Michel Blanquer. On prête à Brigitte Macron ce trait d'esprit : « Si j'avais de l'influence sur mon mari, Pap Ndiaye n'aurait jamais été ministre de l'Éducation nationale ! »

Là encore, le président aurait été bien inspiré de tendre l'oreille aux avertissements des vieux barbons de son entourage. Ils lui murmuraient de prendre garde au calendrier inédit des législatives qui, tout maître des horloges qu'il soit, risquait de lui exploser entre les doigts : pour la première fois depuis vingt ans, la campagne allait durer quarante-

Le mirage du « et en même temps »

neuf jours, deux semaines de plus qu'à l'accoutumée. De quoi faire retomber le soufflé de la réélection, d'autant qu'il n'y en eut pas... Combien lui ont aussi seriné que la France était arithmétiquement de droite et que, réélu face au RN, il se devait d'en tenir compte ? Au soir du second tour des législatives du 19 juin, la macronie est sonnée. Décapitée, elle perd 105 sièges de députés, dont les « premiers de cordée » Richard Ferrand et Christophe Castaner. La coalition électorale de la Nouvelle Union populaire écologique et sociale (Nupes) rafle 131 élus et devient la première force d'opposition. « Mélenchon a fait le hold-up du siècle avec sa bande de crasseux à catogan, son air con et sa vue basse ! » vitupère un centriste, catastrophé. « Ils vont zadifier l'Assemblée, ça va être le cirque ! Et nous, en face, on a mis quelqu'un de rond et souriant : Élisabeth Borne... Ce n'est pas elle qui pourra nouer un accord politique avec LR pour obtenir une majorité », enrage un conseiller du palais, qui avait plaidé en vain pour Bruno Le Maire ou Catherine Vautrin. Quant à Marine Le Pen, elle réalise une percée historique à la tête d'un groupe mastodonte de 89 députés, que personne n'avait anticipée, multipliant par dix le nombre de ses élus malgré le couperet du scrutin majoritaire. Sur les infographies des chaînes info, un petit camembert bleu résiste : 61 députés Les Républicains, pris en étau, seuls alliés potentiels pour arracher une majorité absolue. La prémonition de Bruno Le Maire s'est réalisée à la lettre.

La France, quasi ingouvernable, entre en *terra incognita*. Même Michel Rocard n'a pas affronté une telle épreuve en 1988 en majorité relative : il disposait encore du joker sans limite du 49-3[2]. Comme si les Français avaient signifié à Emmanuel Macron qu'après l'avoir réélu pour faire barrage à l'extrême droite, ils entendaient lui lier les mains. Lui qui venait d'accomplir un exploit comprend, brutalement, qu'il n'aura pas les moyens de gouverner et qu'il devra affronter des extrêmes plus puissants que jamais. « Nos juristes ont regardé, on ne peut pas dissoudre avant un an. On est baisés... Macron va nous faire du Chirac 2, le roi fainéant. Il vient de mesurer la détestation qu'il inspire aux gens, on va être dans la paralysie pendant un an », déchante un stratège, quand d'autres préconisent de tendre rapidement la main à la droite pour constituer une coalition, sceptiques néanmoins sur

---

2. Depuis la réforme constitutionnelle de 2008, le gouvernement ne peut utiliser cet article bazooka de la Constitution, qui permet de faire adopter un texte sans vote, que sur un projet de loi par session parlementaire, hors textes budgétaires. Recordman du 49-3, Michel Rocard le dégaina 28 fois en trois ans, sur 13 textes différents.

Le mirage du « et en même temps »

la volonté même du président de partager le pouvoir et sur les chances que les Républicains topent avec une Première ministre de gauche. De fait, il n'en sera rien. « Emmanuel Macron va regretter ses Playmobil », griffe, cruel, le député européen LR François-Xavier Bellamy.

« Le président a traversé, après les législatives, une petite dépressurisation », commentera pudiquement après coup un proche, pour expliquer le démarrage si poussif de son second mandat. La faute, pour partie, au brouillage des lignes. Depuis ses bureaux de la rue de Miromesnil (Paris, 8e), Nicolas Sarkozy serine à qui veut l'entendre que le président aurait mieux fait de l'écouter en nommant sa favorite pour amadouer LR : « S'il avait pris Christine Lagarde, comme je le lui avais conseillé, tout aurait été différent ! » Le dégageur dégagé ? « Emmanuel Macron a inventé un dispositif à la hauteur de son inexpérience : le "et en même temps", cingle l'ancien ministre du Budget et maire LR de Meaux Jean-François Copé, qui a maintes fois tendu la main en vue d'un pacte de gouvernement, sans jamais recevoir de réponse. Il a piétiné ce principe cardinal de la Ve République qu'est le bipartisme. Il l'a dévitalisé et ce qui devait arriver arriva : il a été réélu par défaut, sauf que les Français ne lui ont pas donné les moyens[3]. »

Les deux bouts de l'omelette

D'où lui vient ce puissant mépris, largement partagé dans la population, pour les partis traditionnels, au point de vouloir les mettre à bas ? Tout juste sorti de l'École nationale d'administration (ENA) et de l'Inspection générale des finances, le jeune Macron se retrouve aux premières loges pour observer les disputes stériles et petits accommodements des formations politiques du « vieux monde », où l'on s'oppose au camp d'en face par pur atavisme et où l'on attend, en cas de défaite, le prochain mouvement du balancier électoral pour revenir aux affaires, dans un réflexe ancestral de propriétaire. Entre 2006 et 2009, il est brièvement encarté au parti socialiste (PS). On ne l'y reprendra plus. Numéro trois de l'Élysée sous François Hollande, il voit le PS finir écartelé et les frondeurs saboter les réformes sociales-démocrates, pour ne pas dire centristes, du pouvoir socialiste. Enfin promu ministre, il est contraint de slalomer entre

---

3. Entretien téléphonique avec l'auteure, décembre 2023.

Le mirage du « et en même temps »

les chausse-trapes posées par ses « camarades », Manuel Valls en tête, pour freiner son ascension. Quelques années plus tôt, déjà, alors qu'il aspirait à se présenter aux élections municipales de 2008 au Touquet, où son épouse possède une maison de famille, il se serait aussi heurté aux réflexes éculés des instances locales de l'Union pour un mouvement populaire (UMP)[4], qui l'auraient sommé de prendre sa carte pour pouvoir postuler. Sans suite.

Candidat à l'Élysée, Emmanuel Macron a donc cette formidable intuition qu'il faut avoir le courage de réaliser le vieux rêve de réunir les hommes et femmes de bonne volonté, les républicains des deux rives – « les deux bouts de l'omelette », disait Alain Juppé –, pour en finir avec les querelles de boutique et les haines recuites entre la gauche et la droite. Rebattre les cartes, en somme, pour progresser vers une démocratie mature, capable de conciliations. Jean-François Copé raconte volontiers cette anecdote, qui conforte l'idée que le dédain présidentiel pour les partis et codes traditionnels de la politique vient de loin : « Un jour, je me retrouve en vacances en Corse avec le jeune Macron. Je lui livre ce conseil que Chirac m'avait donné : "Si tu veux faire de la politique, il faut devenir maire,

---

4. Julien Rebucci, « Quand Emmanuel Macron voulait être de droite », *Les Inrockuptibles*, 11 mars 2017.

Les Naufrageurs

député, essuyer des échecs, prendre des coups, en donner, et un jour peut-être les Français considéreront que tu es prêt." Il me répond : "Ah non jamais, ça, c'est le *cursus honorum* de l'ancien temps. Je vais faire autrement." Je me suis dit : "Celui-là, il ne va jamais y arriver !" »

En septembre 2016, devant une poignée d'éditorialistes conviés à son QG du 14e étage de la tour Montparnasse[5], le presque candidat promet de nettoyer à grande eau ce marécage et de tout reconstruire sur des bases assainies. « Il faut dire, à un moment, que le roi est nu. Il y a des gens qui sont dans le même parti et qui n'ont plus rien à se dire. Les deux grands partis aujourd'hui, c'est l'amicale des boulistes, sans l'amitié et sans les boules, assure-t-il. Ils ont une vision patrimoniale de la politique. Pour eux, c'est un bout de rue où ils ont des patentes et, si vous installez un commerce, il faut payer un droit. » Lui président, il en finira avec ce système moyenâgeux où les mandats sont devenus des emplois « à vie », et où il convient de montrer patte blanche et d'attendre son tour pour faire avancer ses idées. Finis les « cataplasmes » négligemment posés sur les maux qui rongent le pays

---
5. Rencontre avec des journalistes, dont l'auteure, 23 septembre 2016.

Le mirage du « et en même temps »

depuis des décennies, lui s'attaquera enfin aux « racines structurelles ». « Le vrai pari, c'est de recomposer tout ça, s'assigne-t-il comme défi herculéen. C'est ça, la politique adulte, je suis persuadé que c'est possible ! »

Deux mois plus tard, dans sa déclaration officielle de candidature depuis Bobigny, en Seine-Saint-Denis, il désigne à nouveau sa cible : « J'ai vu de l'intérieur la vacuité de notre système politique qui empêche les majorités d'idées au motif qu'elles fragilisent les appareils, les partis traditionnels, les intérêts acquis. » Du populisme light ? Pierre angulaire du macronisme balbutiant, le dépassement des clivages a tout pour plaire aux Français, écœurés des rivalités partisanes. Il a suffi à l'ambitieux de surfer sur cette tentation dégagiste.

À l'époque, un homme entrevoit le péril qui guette sous cette promesse de grande réconciliation. Devenu Premier ministre après la renonciation de François Hollande et le départ précipité de Manuel Valls pour tenter sa chance à la primaire de la gauche, Bernard Cazeneuve met en garde l'aspirant guillotineur. Tout détruire, mais avec quelles funestes conséquences ? Et pour rebâtir quoi ? « Ce que tu fais, Emmanuel, est totalement nihiliste. Tu seras enseveli à la fin sous les décombres de ce que tu auras fait sauter », l'admoneste-t-il. La suite lui a donné raison. Devenu avocat au cabinet August-Debouzy (Paris, 8ᵉ), l'ancien ministre de l'Intérieur, qui n'a renoncé à rien, brosse un tableau apocalyptique des dégâts causés par l'explosion de la bombe à fragmentation Macron : « Le paysage politique ressemble à l'Acropole avec quelques statues qui demeurent encore debout. Mais elles n'ont plus de bras, plus de tête et plus de jambes[6]... »

Néron

« Quand Emmanuel Macron est devenu président, une amie astrologue m'a expliqué qu'il avait le même thème astral que Néron », s'amuse un dirigeant des Républicains. La remarque prêterait à sourire si le clivage gauche-droite n'était pas réduit à l'état de cendres. Qui s'en souvient ? En 2018, le centriste François Bayrou comparaît le PS et LR aux « tours jumelles » du World Trade Center, abattues en 2001 par un commando terroriste d'al-Qaïda, sinistre référence. Qu'est devenue la recomposition tant vantée par Emmanuel Macron ? Qu'a-t-il extrait des ruines, après avoir passé le système politique au napalm ?

---

6. Entretien avec l'auteure, 30 novembre 2023.

Le mirage du « et en même temps »

En guise de compromis et de main tendue, on assiste depuis 2017 à de classiques débauchages sauvages – du « *cherry picking*[7] », dit-on en macronie – pour priver la gauche et la droite de leurs dernières vedettes. Après avoir picoré ses premiers soutiens dans les rangs socialistes (Gérard Collomb, Richard Ferrand ou Jean-Yves Le Drian), le président élu a jeté son dévolu sur la droite, avec la bénédiction de son prédécesseur Nicolas Sarkozy. Édouard Philippe, Bruno Le Maire, Gérald Darmanin, Sébastien Lecornu, Éric Woerth, Renaud Muselier, Christian Estrosi et – comment l'oublier ? – Rachida Dati, pour ne citer qu'eux, l'ont rejoint sans se retourner, trop heureux de voir le train gouvernemental marquer un arrêt inespéré devant leur porte. Au risque d'être catalogués à jamais, dans leur ancienne famille, comme des traîtres à la cause. Un important ministre, choqué, se souvient de la réponse d'une brutalité inouïe que lui a crachée au visage un député de droite à qui il demandait s'il rallierait un gouvernement dirigé par un transfuge LR : « On ne soutiendra jamais quelqu'un qui nous a fistés ! » Au sein des Républicains, nombre d'élus assurent qu'Éric Ciotti, conscient que son parti est voué à une mort quasi certaine, aurait pu se laisser tenter par un accord.

---

7. La cueillette de cerises.

Les Naufrageurs

L'intéressé renvoie la faute à Emmanuel Macron : « Il n'a saisi aucune opportunité qui aurait pu favoriser une forme de contrat de gouvernement. Il n'y a aucune volonté de sa part d'élargir sa majorité étriquée, il est dans l'esprit de 2017 de nous tuer. » « Le but de Macron était légitime et son intuition, très bonne, regrette aujourd'hui l'un des mentors du président, qui a voulu croire au mirage de la démocratie apaisée. On a toujours rêvé en France d'un rapprochement entre les sociaux-démocrates, les républicains et les centristes. Mais Macron n'a pas voulu aller au bout. Il considère que le "et en même temps", c'est lui seulement. Le dépassement des clivages doit se faire avec les forces politiques. Sans coalition, ça ne marche pas. Si vous ne vous adressez pas, à droite, à Xavier Bertrand, Jean-François Copé et François Baroin et, à gauche, à Bernard Cazeneuve ou Carole Delga, ça ne sert à rien, ça ne peut pas fonctionner. C'est terriblement dommage de ne vouloir que des serviteurs... Macron a tout détruit par égotisme en centralisant tout autour de lui. » Brillant diagnostic, résultat catastrophique.

Pour les ténors qui résistent encore, ce grand magma, parfois qualifié d'« extrême centre », a contribué à nourrir la léthargie civique et le sentiment que la politique ne peut plus rien. Champion

Le mirage du « et en même temps »

déclaré des Républicains pour la prochaine présidentielle, le normalien Laurent Wauquiez partage ce constat d'un « et en même temps » délétère qui paralyse l'action publique : « La réponse du macronisme consistait à dire : "On prend un petit bout de gauche, un petit bout de droite, on prend les meilleures idées partout et on met tout ça dans un chaudron, en espérant remédier à l'impuissance." On a abouti, au contraire, au prurit absolu de l'impuissance. Comme il n'y a plus aucune ligne directrice, dans un pays qui est en crise, cela revient à se condamner encore plus à l'inaction et au surplace[8]. »

« Emmanuel Macron ubérise la politique, il l'hystérise », abonde le patron des sénateurs LR Bruno Retailleau, l'une des têtes pensantes de la droite, en avouant qu'il faut avoir « le cœur bien accroché pour faire de la politique ». Le macronisme, à ses yeux, restera comme « un grand relativisme où tout se vaut ». « Ce qui est vrai le matin ne l'est plus le soir. Rien n'est vrai, donc tout peut être faux. C'est un président anxiogène parce qu'on ne sait jamais ce qu'il peut sortir le lendemain. Il s'exprime en fonction de l'auditoire qu'il a en face de lui. Par manque de conviction, par cynisme, il cède à la mode passagère, il capte l'air du temps[9]. »

---

8. Entretien avec l'auteure, 13 décembre 2023.
9. Entretien avec l'auteure, 12 janvier 2024.

Les Naufrageurs

Parmi les exemples les plus criants, la réaction de la France aux massacres du 7 octobre en Israël, qui a affolé les diplomates du Quai d'Orsay et les galonnés de la Défense, interdits d'entendre le président promettre à Benyamin Netanyahu une « coalition internationale » contre le terrorisme pour anéantir le Hamas. Puis, dans un virage à 180 degrés, s'attirer les foudres du même Netanyahu en exhortant l'État hébreu à cesser de tuer des civils palestiniens. « Macron est tellement pétrifié par la crainte d'importer le conflit en France qu'il est à la fois démentiellement trouillard et totalement irréfléchi. On va faire quoi ? Faire décoller des Rafale pour aller bombarder Gaza ? », s'étrangle un habitué de l'Élysée.

L'essayiste Raphaël Glucksmann[10], qui reste malgré tout épris de politique, au point de s'être fait élire député européen, alerte pour sa part sur la menace que ferait peser une absence prolongée de clivages. Les partis, comme les autres corps intermédiaires, relève-t-il, font office d'amortisseurs en canalisant les colères. Mieux vaut, en clair, des noms d'oiseaux dans l'hémicycle de l'Assemblée nationale qu'une bataille rangée dans la rue. « L'illusion de la période qu'on vit, c'est d'expliquer qu'on peut

---

10. Entretien avec l'auteure, 18 octobre 2023.

Le mirage du « et en même temps »

et qu'on doit arriver à une politique consensuelle unissant tous les tenants de la supposée "raison" dans un même cercle. Pas du tout ! La discorde fait partie de la vie de la cité. C'était très dangereux de vouloir enterrer définitivement le clivage gauche-droite qui est essentiel à la vie démocratique, insiste-t-il, en évoquant les cortèges monstres du printemps 2023 contre la réforme des retraites, qui auraient pu dégénérer s'ils n'avaient été encadrés et contenus par les organisations syndicales : Macron était tellement dans la provocation que, si on n'avait pas eu un type aussi responsable que Laurent Berger[11], on serait repartis dans la crise des Gilets jaunes. Il n'y a pas de vie sociale et politique apaisée sans corps intermédiaires. »

Vive les partis ? Tout fragiles et discrédités soient-ils, ils demeurent des courroies de la vie démocratique. Lorsqu'il s'est lancé dans la bataille des élections européennes en 2019, Raphaël Glucksmann aurait pu se contenter de ses centaines de milliers de followers sur Instagram. Il a préféré fonder un parti à l'ancienne, Place publique, et s'appuyer sur le réseau militant et la surface médiatique, certes affaiblis, du Parti socialiste. Un discours devenu rare. « Je crois aux partis politiques, on en a besoin ! Un des grands problèmes

---

11. Secrétaire général de la Confédération française démocratique du travail (CFDT) jusqu'en juin 2023.

des quinquennats d'Emmanuel Macron, c'est qu'il a pensé qu'on pouvait faire sans les corps intermédiaires, sans les partis. Le PS, ce n'est pas un truc gazeux, sans règles ni statuts. Je n'allais pas dire : "J'ai un compte Instagram, une voix, je me lance tout seul." Non, j'ai créé fin 2018 un parti avec des statuts, avec une vie politique interne. Puis, en 2024, nous avons à nouveau fait alliance avec le Parti socialiste. J'ai du respect au fond pour ces formations qui obéissent à des règles et ont des structures. Cela peut sembler ennuyeux, lourd, mais ce "nouveau monde" sans parti véritable, on ne m'a pas montré que ça produisait quelque chose de très ragoûtant politiquement. Les partis font rêver peu de gens, mais la structure est fondamentale, elle cadre le dirigeant, lui apprend qu'il n'est pas un enfant-roi, achève-t-il, en partant d'un éclat de rire : C'est mon coming-out conservateur ! »

La consécration des extrêmes

À l'hiver 2023, la macronie touche du doigt, à son propre détriment, la limite du « et en même temps ». Après des mois de reports et d'atermoiements, le projet de loi sur l'immigration est voté dans la douleur. En tentant un audacieux grand écart – faire voter un texte très répressif par la majorité de droite et du

Le mirage du « et en même temps »

centre au Sénat, puis le vider de sa substance à l'Assemblée avec l'aide de l'aile gauche de la majorité –, le ministre de l'Intérieur se fait un méchant claquage. Quelques mois avant le drame, un ministre résumait la stratégie : « Il faut qu'on reste sur le "et en même temps", qu'on fasse du Taubira et du Ciotti. » Le brouillage des lignes, jusqu'à l'absurde.

À l'entame des débats fin 2022, Élisabeth Borne a un mauvais pressentiment en relisant l'entretien croisé au *Monde* de Gérald Darmanin, tenant de l'aile droite du gouvernement, et du ministre du Travail Olivier Dussopt, figure de l'aile gauche, singeant la plus parfaite complicité. L'objectif de cet objet médiatique non identifié ? Montrer que cette 29e réforme de l'immigration depuis les années 1980 repose bien sur deux pieds : un volet policier simplifiant les expulsions de sans-papiers et un volet humaniste visant à régulariser les clandestins œuvrant dans les métiers « en tension » qui peinent à recruter. « Le truc est parti un peu de traviole[12]... » s'agace la Première ministre en petit comité.

Trop expérimentés pour sombrer dans un piège si grossier, les parlementaires de droite se vengent en imposant au gouvernement un texte réécrit à leur main, qui donne des haut-le-cœur aux anciens socia-

---

12. Rencontre à Matignon avec des journalistes, dont l'auteure, novembre 2022.

listes de la macronie et manque de faire exploser la majorité relative. Comme aux glorieuses heures des frondeurs, un petit club de ministres rebelles issus du PS, emmenés par Clément Beaune, menace de se saborder en claquant la porte du gouvernement et, pire, en constituant un groupe dissident à l'Assemblée nationale.

Ironie de l'histoire, le président assiste avant même la fin de son décennat à la résurrection du clivage gauche-droite honni, au sein de son propre parti. Lors d'un dîner politique à l'Élysée, Emmanuel Macron s'agace des erreurs stratégiques de son ministre de l'Intérieur, qui s'est laissé bercer par ses anciens amis de LR au Sénat sur les chances d'arracher un compromis. L'élu de Tourcoing se défend : « Si on avait commencé les débats par l'Assemblée, on aurait eu un risque de perdre dès le départ ! » Sourire, jaune, du président : « Vu ce qu'on est en train de vivre, on aurait préféré perdre au début. »

La foudre de Jupiter s'abat. Élisabeth Borne y laisse son scalp, au profit du très politique Gabriel Attal, propulsé à Matignon. Les élus Les Républicains crient, un peu vite, victoire. Quelques semaines plus tard, le Conseil constitutionnel leur inflige un camouflet en retoquant la quasi-intégralité des dispositions qu'ils ont greffées de force. Au final, c'est une femme qui aura tiré les ficelles de cette tragédie politico-

Le mirage du « et en même temps »

médiatique : Marine Le Pen. C'est elle qui a baissé le pouce, scellant le sort de la Première ministre, en autorisant ses 88 députés à voter *in fine* le texte de loi. Une marque d'infamie pour les élus de la majorité, dont les voix se sont trouvées mêlées à celles de l'extrême droite. Là est sans doute le poison le plus violent du « dépassement ». En anesthésiant le clivage gauche-droite et en lui substituant un nouveau duel entre « humanistes » et « populistes », il installe les extrêmes comme seule alternative. Le « et en même temps » n'est « pas une ambiguïté », c'est « une double radicalité », défendait *mordicus* le chef de l'État lors de sa conférence de presse début 2024. On ne saurait mieux dire, tant les radicaux d'extrême gauche et d'extrême droite se trouvent désormais consacrés.

Et que dire de la visite cataclysmique du président au Salon de l'Agriculture quelques semaines plus tard ? Jamais l'on n'avait vu un tel chaos... La faute à des conseillers mal avisés qui, en pleine crise agricole, ont eu la subtile idée de convier les écologistes radicaux des Soulèvements de la Terre, que l'exécutif avait tenté en vain de dissoudre. Le « et en même temps », carburant des extrêmes. La visite de Jordan Bardella au Salon sera, dans la foulée, un enchantement.

Un jour de cérémonie de remise de décoration au palais de l'Élysée, un proche du président l'interpelle.

Les Naufrageurs

« Emmanuel, tu risques de rester dans l'histoire comme le président qui aura cédé les clés du pays à Marine Le Pen. Il faut faire quelque chose... » Réponse pincée de l'intéressé : « Ah, mais ce n'est pas mon problème ! Je l'ai battue deux fois. Ce sera le problème de celui ou celle qui sera en face en 2027. » Ses conseillers répètent en écho depuis que ce n'est pas Barack Obama, après huit ans à la Maison-Blanche, qui a perdu face à Donald Trump, mais Hillary Clinton. L'argument laisse ses propres troupes dubitatives. Ainsi de ce macroniste historique, qui livre cette édifiante confession, sous couvert d'anonymat : « La recomposition me fait hurler de rire, car on ne recompose pas avec du chewing-gum ! Je me suis engagé derrière Emmanuel Macron autour de cette notion du dépassement, mais quand je vois qu'on pourrait finir comme un parti de centre droit, j'ai un peu de mal. Je m'interroge sur les conséquences : en prenant un peu à droite et un peu à gauche, on institutionnalise le fait que l'alternance se fera entre le camp des raisonnables et celui des populistes. Je me demande si l'intuition du président n'était pas fausse, et s'il ne faudra pas revenir au clivage gauche-droite. » À la décharge d'Emmanuel Macron, élu sur une vague dégagiste, la crise civique lui préexistait. Il l'aura puissamment accélérée. Mais le mal remonte à loin.

2

Le complexe de Superman

Édouard Balladur est bien placé pour le savoir, les qualités pour diriger le pays ne sont pas nécessairement les mêmes que pour conquérir l'Élysée. Qui contestera qu'il aurait été un estimable président s'il avait été élu en 1995, en lieu et place de Jacques Chirac ? Lorsqu'il nous reçoit dans le bureau de son ami Philippe Goujon à la mairie du 15e arrondissement de Paris[1], avec le regard aiguisé de celui qui ne rate rien des soubresauts de l'actualité à 94 ans, l'ancien Premier ministre livre une leçon de courage en politique. « Le problème, très difficile en démocratie, est de savoir si on peut toujours dire la vérité. Si on le faisait, on expliquerait aux Français que nous vivons au-dessus de nos

---

1. Entretien avec l'auteure, 6 décembre 2023.

moyens, que nous dépensons trop d'argent et que nous nous endettons de plus en plus car nous sommes le pays qui a, à la fois, les impôts les plus lourds et le régime social le plus généreux. Ce qui fait que les discours que nous tenons sur l'augmentation du pouvoir d'achat ne sont pas en accord avec la réalité. Mais comment mener une campagne électorale sur ce thème ? Qui osera ? Ce discours, personne ne le tient, Marine Le Pen pas plus que les autres. » Édouard Balladur est, comme Pierre Mendès France, Jacques Delors, Lionel Jospin, Laurent Fabius ou Alain Juppé, qu'ils nous pardonnent l'expression, une gueule cassée de la République. De ces hommes et femmes d'État qui n'ont pas su ni voulu, pour s'emparer du pouvoir, feindre d'être des demi-dieux, des surhommes jaillis des entrailles de la Terre, de nouveaux rois thaumaturges capables de guérir tous les maux, quitte à vendre leur âme en promettant monts et merveilles.

Aux ténors de sa famille politique qui se pressent toujours pour entendre ses conseils, il intime de ne rien dissimuler aux Français des périls qui les guettent. Lui qui dirigea un gouvernement de cohabitation (1993-1995) sous François Mitterrand décrit une nation rongée par la peur et la perte des valeurs, au bord de la faillite morale. « Je vais vous

Le complexe de Superman

dire le fond des choses : la société est dans un état extrêmement préoccupant du fait de la violence, du refus de l'autorité et de la tradition, de l'apologie du wokisme. Ce n'est pas dû seulement à l'immigration. C'est l'état de la société française telle qu'elle a évolué depuis la fin de la Seconde Guerre mondiale et telle qu'elle s'est manifestée en Mai 68. Tout s'est délité avec notre effondrement de 1940, qu'on a cru surmonter grâce au général de Gaulle mais dont les Français sont restés humiliés, analyse-t-il, dépeignant un pays vitrifié où « les parents ont peur de leurs enfants, où les professeurs ont peur de leurs étudiants et où, si on regarde quelqu'un de travers dans la rue, on a peur de se faire agresser ». « Ce n'est pas avec des discours qu'on y portera remède, c'est un travail de longue haleine. Il faudra des années et parler courageusement. J'en reviens donc à la vertu des crises et du courage. Nous aurons besoin de gens résolus à dire la vérité, sans avoir peur d'ouvrir une crise en le faisant. Nous avons eu des modèles de ce genre : de Gaulle l'a payé par douze ans de traversée du désert. Pierre Mendès France a commis des erreurs, mais c'était un homme qui disait la vérité. Georges Pompidou a été admirable de force et de courage. Et Valéry Giscard d'Estaing a été injustement maltraité. Il a été un bon président. Il faut dire la vérité, avoir le courage de le faire, ne pas redouter d'ouvrir une crise, mais il faut aussi d'abord arriver à être élu ! Est-ce qu'on y arrive en disant la vérité ? » Face à ce cas de conscience, qui se pose à tout aspirant à la magistrature suprême, il répond sans l'ombre d'une hésitation que les électeurs y sont prêts. Et que la morsure de la défaite est préférable au déshonneur du mensonge : « Il n'y a aucune honte à ne pas connaître le succès parce qu'on n'a pas voulu utiliser des moyens qu'on estimait indignes. »

La Ve République, cet egotrip

Pas un de nos interlocuteurs qui ne pointe l'immense responsabilité de notre système politique ultra-centralisé, dont les planètes gravitent autour d'un soleil, le président de la République, quasi-divinité dont on attend tout. Tous les cinq ans, la France semble traverser une épopée, celle de l'accession d'un héros à l'Élysée, comme un couronnement fantasmé. Il n'est qu'à écouter les discours de campagne, truffés de références historiques et mythologiques. Une illusion collective héritée du mythe gaulliste, qui a fait du chef de l'État un dieu tout-puissant. « Nous sommes un pays immature politiquement où, pour prétendre à des fonctions exécutives, il faut passer non pas pour un citoyen éclairé mais pour un surhomme. On élit un président qu'on investit de tous les pouvoirs, à l'image de Superman. À droite, on puise dans l'imaginaire de Jeanne d'Arc, des soldats de l'An II, des marins de l'île de Sein, du chevalier Du Guesclin, de Napoléon. À gauche, ce sont des références révolutionnaires post 1789. Tous nos repères sont quasi mythologiques, ce sont des monarchies, des empires, des révolutions ou des guerres mondiales, décrypte Antoine de Chemellier, discret stratège qui compta pour beaucoup dans le score canon d'Éric Ciotti à la primaire organisée par LR pour désigner leur champion à la présidentielle de 2022[2]. Le peuple français, politiquement schizophrène, royaliste et régicide à la fois, subit une démocratie incomplète qui ne se suffit pas à elle-même. Par l'élection présidentielle, on tente de remplir un vide mythologique collectif qui hante la France depuis 1793. La figure du monarque n'ayant jamais été remplacée, on y substitue l'épopée napoléonienne, révolutionnaire ou gaulliste pour combler le vide symbolique ou soigner le deuil français. Or, Laurent

---

2. Au premier tour du congrès organisé en décembre 2021 par LR pour désigner leur candidat à l'Élysée, Éric Ciotti se qualifia en tête avec 25,6 % des suffrages des militants, avant d'être battu au second tour par Valérie Pécresse.

Les Naufrageurs

Wauquiez ne sera jamais Bonaparte sur le pont d'Arcole. François Fillon ne peut pas être aussi intègre que Saint Louis sous son chêne, Nicolas Sarkozy ne sera jamais aussi fort que Du Guesclin et Emmanuel Macron aussi courageux que le commando Kieffer. C'est une machine à déception. En Allemagne, personne ne fait campagne sur des références mythologiques. Ils ont vu ce que ça donnait lorsqu'on va trop loin en la matière[3]... »

Qui dit surhomme dit promesse de miracles et de lendemains qui chantent. Mais à trop vouloir séduire des électeurs désabusés, les candidats à la plus haute fonction empilent dangereusement les engagements et les propositions. « Ensemble, tout devient possible », jure Nicolas Sarkozy aux Français en 2007. « Le changement, c'est maintenant », enchérit François Hollande un quinquennat plus tard, tandis qu'Emmanuel Macron se fend en 2016 d'un livre projet intitulé, en toute sobriété, *Révolution*[4]. La dépolitisation accélérée de la société, fruit de décennies d'espoirs déçus, taraude Emmanuelle Mignon[5]. « C'est un peu mon gimmick, confie celle qui fut la tête pensante du pro-

---
3. Entretien avec l'auteure, 23 novembre 2023.
4. Paris, XO, 2016.
5. Entretien avec l'auteure, 13 décembre 2023.

Le complexe de Superman

gramme victorieux de Nicolas Sarkozy, avant de devenir sa directrice de cabinet. Nous avons un vrai sujet sur l'élection présidentielle et sur le fonctionnement institutionnel. Les candidats promettent trop. Or, le potentiel d'action des élus est par définition limité. Nous sommes dans des cycles électoraux où on promet énormément et où le président de la République peut peu de choses. Il peut des choses, mais pas des masses de choses. Il y a donc une déception permanente », analyse cette ancienne major de l'ENA, rare dans les médias, qui en connaît un rayon en matière de désillusion.

Dès les premiers mois du quinquennat Sarkozy, pourtant entamé à un train d'enfer, elle comprend que l'élan réformateur est tombé. Un soir de juillet 2007, elle dîne à la résidence de La Lanterne, près de Versailles[6], et entend le président se lancer dans un *satisfecit*, ravi de ses premiers pas. Elle le contredit sèchement. Déjà, elle perçoit les signaux faibles des premiers reniements, les coups de rabot de l'administration qui arasent les réformes qu'elle a longuement pensées. Déjà, elle comprend que le bilan ne sera pas à la hauteur de l'espoir suscité. Elle tient plus de deux ans à l'Élysée. Lorsqu'elle annonce son départ au chef de l'État, il fait tout pour la retenir. Il

---

6. « Nicolas Sarkozy-Emmanuelle Mignon, l'histoire d'une "énorme déception" », *L'Express*, août 2023.

Les Naufrageurs

ne se résout pas à perdre cette iconoclaste de tendance libérale, qu'il qualifia un jour de « plus beau cerveau de la République ». Il lui fait miroiter la prestigieuse ambassade de France au Vatican, le tout aussi convoité secrétariat général du gouvernement, la présidence de l'Autorité de la concurrence. Jusqu'à cette proposition, qui fait lever un sourcil à Emmanuelle Mignon, lors de leur ultime entrevue. « Ça y est, je sais ce qu'il vous faut. Vous, vous adorez la politique, il vous faut un poste politique. Je vous nomme directrice générale de l'UMP ! » Gagnée par la culpabilité, séduite à l'idée de goûter à l'adrénaline des joutes politiques et de piloter les travaux programmatiques du parti pour le faire réélire, elle hésite. Mais le besoin l'emporte de s'éloigner du huis clos toxique du cabinet élyséen, que le secrétaire général Claude Guéant a mis en coupe réglée. Elle rejoint EuropaCorp, la société de Luc Besson, puis le Conseil d'État, avant d'intégrer le cabinet d'avocats parisien August-Debouzy.

C'est là qu'Éric Ciotti a l'intelligence de venir la chercher[7], en lui confiant le projet de LR pour la présidentielle de 2027, soit l'exacte mission que lui avait suggérée Nicolas Sarkozy. « C'est trop facile de se plaindre des responsables politiques et de ne

---

7. Le 2 octobre 2023, elle est nommée vice-présidente de LR chargée des idées et du projet.

pas s'engager soi-même. Et comme on ne fait rien sans envie, c'est vrai aussi que j'aime la politique ! » confie-t-elle. Quand tant d'autres renoncent à s'investir dans la sphère publique, elle reprend du service, à titre bénévole. Elle ne se résout pas à l'idée que Marine Le Pen l'emporte peut-être en promettant, comme tous les candidats à l'Élysée avant elle, ce que les présidents successifs n'ont pas su faire.

Les électeurs, osons le dire, ont leur part de responsabilité dans cette course folle aux promesses. « C'est la faute des Français aussi, ils aiment les joueurs de flûte ! tonne un vieux compagnon de route d'Édouard Balladur, à jamais déçu de son échec de 1995. Pourquoi vit-on une crise de la politique ? Parce qu'ils ont toujours choisi ceux qui leur plaisaient, en se faisant avoir comme des cons, pour mieux s'en plaindre après ! Souvenez-vous de cette phrase de Jacques Chirac à son équipe au début de la campagne : "Je vous surprendrai par ma démagogie" ! » L'ancien Premier ministre, regrette le même, ne faisait pas le poids question séduction. « Il n'a pas su se faire élire parce qu'il n'était pas prêt à tout promettre. Il y a très peu d'hommes d'État, car il faut être à la fois un salaud et un homme formidable. Pour accéder au pouvoir, il faut être un salaud et, pour exercer le pouvoir, il faut se soucier des gens. Il

Les Naufrageurs

aurait été un grand président, insupportable, odieux, d'un snobisme fou, mais l'important était qu'il gouverne. Je me souviens d'un sondage : "Entre les deux, avec qui préféreriez-vous partir en vacances[8] ?" Entre un homme qu'on savait compétent, et un mauvais dirigeant mais sympa, les Français ont choisi. »

Autres temps, autres mœurs. Tout sourcilleux qu'il soit sur le sérieux de son programme, le candidat Balladur n'en posa pas moins un cas de conscience au Conseil constitutionnel en raison des nombreuses irrégularités et dépassements relevés dans ses comptes de campagne, comme ce fut le cas, dans une moindre proportion, pour ceux de Jacques Chirac. Restés secrets vingt-cinq ans – délai qui garantit l'indépendance des « sages » –, les procès-verbaux des 13 séances qui se sont tenues de juillet à octobre 1995 rue de Montpensier (Paris, 1er) jettent une lumière crue sur une époque où l'on se montrait plutôt léger avec les contraintes électorales[9]. Le Conseil disserta longuement sur un verse-

---

8. Sondage Ipsos de juin 1994. À la question : « Si vous deviez partir en vacances avec Jacques Chirac ou bien Édouard Balladur, lequel choisiriez-vous ? », 32 % des sondés avaient répondu : « Plutôt Jacques Chirac », 25 % : « Plutôt Édouard Balladur » et 38 % : « Ni l'un ni l'autre. »
9. Enquête de la cellule investigation de Radio France, publiée le 20 octobre 2020 après consultation des procès-verbaux du Conseil constitutionnel sur la validation des comptes de campagne de la

Le complexe de Superman

ment de 10,25 millions de francs en liquide sur le compte du candidat Balladur au Crédit du Nord, le 26 avril 1995, trois jours après le premier tour, dans quatre sacs contenant des liasses de billets de 500 francs. Un pactole, répéta son équipe sans convaincre, issu de la vente en meetings de tee-shirts, briquets, casquettes et autres gadgets. Ce n'est que parce que le rejet des comptes de l'ancien Premier ministre aurait entraîné ceux du président élu que les neuf « sages », si l'on ose dire, les validèrent par cinq voix contre quatre, le vote du président du Conseil Roland Dumas faisant pencher *in extremis* la balance. Le risque d'invalider le résultat de la présidentielle était trop grand, plaidèrent-ils. L'unique incidence, en vérité, aurait été le non-remboursement des dépenses par l'État. « Aujourd'hui, ce serait évidemment impensable, mais ça vaut son pesant de cacahuètes ! » rassure-t-on, rue de Montpensier. En 2013, sur fond d'affaire Bygmalion, Nicolas Sarkozy vit ainsi ses comptes retoqués pour avoir explosé le plafond des dépenses. La conquête à tout prix, conséquence directe de la concentration du pouvoir entre les mains d'un seul. Cette pente, les 24 révisions opé-

---

présidentielle de 1995. Conservés aux Archives nationales, ils sont désormais publics.

rées sur le texte constitutionnel du 4 octobre 1958 n'ont fait que l'accentuer.

Le quinquennat, « belle connerie »

Dès 1962, un premier coup de canif est donné à la toute jeune Ve République par le général de Gaulle lui-même, qui impose sous la pression l'élection du président au suffrage universel direct. Un « méga-tabou », murmure un conseiller d'État, car aucun responsable politique ne s'aventure à critiquer cette greffe forcée à visage découvert. Elle a pourtant déséquilibré le fragile édifice institutionnel imaginé par Michel Debré, qui prévoyait la désignation du père de la nation par un collège de 80 000 grands électeurs parmi les parlementaires et les élus locaux. Ce subtil équilibre visait à garantir la légitimité de l'Assemblée nationale, seul cénacle à procéder alors du suffrage direct, face à un président disposant du pouvoir de faire tomber la foudre avec la dissolution. Contournant le Parlement, hostile, le Général impose sa volonté en consultant les électeurs par référendum grâce à l'article 11 de la Constitution. Ce procédé plébiscitaire à la limite de la légalité provoqua une crise telle que le gouvernement de Georges Pompidou chuta sur une motion

Le complexe de Superman

de censure. Le 28 octobre 1962, les Français approuvent à plus de 62 %, clôturant le débat.

Qui oserait revenir sur cette révolution ? Personne, et c'est heureux. Reste qu'elle a puissamment contribué à faire de la présidentielle l'élection reine, la clé de voûte du système, renforçant le face-à-face entre un homme – ou une femme – et le peuple, muant progressivement l'Assemblée nationale en chambre d'enregistrement. « Tout se passe comme si la présidentielle était l'instant magique dans lequel on concentre toute la délibération, toute la décision politique. Mais la magie, ça ne marche pas ! déplore Guillaume Larrivé, ancien député LR, proche conseiller d'Éric Ciotti. On a un énorme problème institutionnel : la Ve République n'est plus chez elle, l'élection présidentielle pose un problème. C'est le paradoxe du président omnipotent : il est à la fois chef du bureau de la rénovation énergétique, ministre de la Santé, éditorialiste... On a dérivé vers une egocratie, qui a débouché à son tour sur une kenocratie[10]. C'est un trop-plein d'*ego* qui a débouché sur du vide. Et cela a été aggravé par l'élection au suffrage universel direct. » Pour capter les suffrages, l'aspirant président doit promettre à tour de bras. Ironie de l'histoire, pour ne pas en avoir tiré la leçon et s'être contenté d'une

---

10. De *kenos*, la « vacuité » en grec.

Les Naufrageurs

campagne *a minima*, snobant les studios télévisés, le Général se retrouva, à la surprise de tous, en ballottage en 1965 lors de la première élection nouvelle version.

En l'an 2000, et le fameux bug n'y est pour rien, l'horlogerie fine de nos institutions continue à se dérégler avec la réduction à cinq ans du mandat présidentiel, dont Jacques Chirac essuya, le premier, les plâtres. « Avec le quinquennat, tout s'est désarticulé car le président, le Premier ministre et les députés se sont retrouvés sur la même temporalité. François Mitterrand était le dernier président, depuis, ce sont des gestionnaires », se désole un ministre macroniste de premier plan.

Voilà le chef de l'État contraint d'accomplir en cinq ans ce qu'il réalisait déjà péniblement en sept, avec une pression accrue au résultat qui le conduit à tout régenter, jusqu'à sombrer dans le micromanagement, en concurrence directe avec le chef du gouvernement. C'est l'avènement de l'hyperprésident, en réalité homme à tout à faire, gestionnaire plutôt que visionnaire, brutalement ramené sur le plancher des vaches, lui qui gérait le temps long, le regard sur la ligne d'horizon. « Avec le quinquennat, on n'aurait jamais connu François Mitterrand marchant sur les quais de Seine avec des intellectuels ou jouant au golf à Saint-Cloud. Vous n'avez plus d'inspiration, plus d'imagination, les présidents sont enchaînés à des notes. François Léotard disait toujours : "Le pouvoir, ça rend con." On a créé une démocratie tellement imparfaite, tellement présidentialisée qu'on génère une immense attente, qui devient une immense déception[11] », s'agace l'ancien ministre centriste de la Défense Hervé Morin, professeur de droit constitutionnel dans ses jeunes années, qui fut l'un des rares parlementaires à s'y opposer. « Le quinquennat a été une belle connerie ! » vitupère en écho un conseiller d'État.

La tendance s'est encore accentuée avec l'inversion du calendrier électoral, qui a placé en 2001 les législatives après la présidentielle afin d'assurer – sur le papier – une confortable majorité au président nouvellement élu. « Lorsque le président dispose de cinq ans pour faire des choses qu'il était déjà difficile de faire en sept, quand il perd du fait du raccourcissement du temps une partie de sa puissance arbitrale, il devient ministre de tout et président de rien. Il devient un acteur parmi les autres. L'inversion du calendrier présente par ailleurs un risque de court-circuit politique. Soit parce que les majorités sont trop fortes et que les frondeurs y règnent, soit parce

---

[11]. Entretien avec l'auteure, 4 octobre 2023.

Les Naufrageurs

qu'elles sont trop faibles et que la confusion domine, épingle Bernard Cazeneuve, pour qui les responsables publics se sont rendus impuissants de leur propre chef, creusant le fossé avec leurs électeurs à force de bonnes intentions mal calibrées. Toutes ces réformes ont été décidées par la classe politique elle-même pour plaire au peuple, alors que le peuple ne les avait jamais demandées. C'est un processus de dépossession par la classe politique des instruments de sa puissance, qui engendre la crise née du sentiment, fondé ou pas, de l'impuissance.» Le serpent qui se mord la queue, en somme.

L'historien et politologue Patrick Buisson, théoricien de «l'union des droites» qui conseilla Nicolas Sarkozy, avant de murmurer à l'oreille d'Éric Zemmour et, plus discrètement, de Marine Le Pen, livrait le même constat en nous recevant dans ses appartements de la rue de Courcelles (Paris, 17e), quelques semaines avant sa disparition. «Le quinquennat est la dernière scorie du grand mouvement anti-autoritaire de Mai 68. C'est : "On ne veut pas donner trop de pouvoir à un seul homme", la vieille culture anti-plébiscitaire, anti-bonapartiste qui existait à gauche, même s'il a été voté sous Jacques Chirac. Le problème n'est pas le pouvoir qu'on donne à un homme mais sa capacité à accomplir et à gouverner sur la durée. L'histoire montre que rien ne se fait

Le complexe de Superman

sans la durée. Avec un mandat de cinq ans, on ne réforme plus au bout d'un an, on pense à sa réélection. On n'investit pas sur l'avenir, on se moque des retombées de la politique qu'on enclenche, puisque c'est le successeur qui en tirera les bénéfices. Quatorze ou quinze années sont un espace historique dans lequel on peut peut-être agir, mais cinq ans, certainement pas. Cela a contribué à nourrir l'idée de l'impuissance du politique[12]. »

La limitation à dix ans du mandat présidentiel, soit deux quinquennats, initiée par Nicolas Sarkozy avec la révision constitutionnelle de 2008, a achevé de saper l'autorité du guide suprême. Interrogé à l'époque par l'un de ses « visiteurs du soir » sur les raisons de cette autocensure, l'ancien président avait répondu avec une franchise déconcertante : « Parce que je me méfie de moi-même. »

Les leçons de Fabius

Comment briser le cercle vicieux et renouer la confiance ? Nombre d'élus se sont cassé les dents en

---

[12]. Entretien avec l'auteure, 13 septembre 2023. Après avoir longuement hésité à reproduire ses propos – enregistrés avec son accord et reproduits *in extenso* –, nous avons choisi de les diffuser, son analyse éclairant le débat.

Les Naufrageurs

cherchant la martingale gagnante. Emmanuelle Mignon évoque une piste potentielle : introduire la proportionnelle aux élections législatives, afin de contraindre les partis à s'entendre ensuite pour gouverner. « On aurait un président qui se fait élire, puis une législative avec la représentation proportionnelle, et le vrai programme se ferait au moment de l'investiture du Premier ministre. C'est-à-dire que les partis seraient obligés de s'entendre. Ce serait une coalition à l'allemande où on discuterait aussi longtemps que nécessaire pour se mettre d'accord sur 5 à 10 réformes, qui deviendraient les réformes de la coalition. » La numéro deux de LR se veut toutefois d'une immense prudence tant les révisions constitutionnelles passées ont occasionné de déconvenues : « Quand on fait des réformes institutionnelles, on a à chaque fois un résultat qu'on n'avait pas prévu. »

Faut-il, dès lors, bazarder nos institutions, mitées progressivement de l'intérieur, pour aller vers une VIe République flambant neuve ? Le débat fait lever au ciel les yeux de Laurent Fabius, gardien scrupuleux de la Loi fondamentale, dans son grand bureau illuminé par un magistral tapis de la manufacture de la Savonnerie de Paris, qui a nécessité plus de trois mille jours de tissage, comme un hommage au temps qui passe. La crise du politique ?

Le complexe de Superman

« Le malaise démocratique actuel n'est pas lié prioritairement au texte de la Constitution, douche-t-il d'emblée. Il y a certainement des évolutions à opérer, mais un texte qui permis de faire face à l'indépendance de l'Algérie, à Mai 68, à l'alternance de 1981, à la cohabitation, aux Gilets jaunes et aux crises diverses possède nécessairement d'importants mérites. Pour autant, plusieurs adaptations sont possibles et souhaitables. Jeter le bébé avec l'eau du bain, non, corrige-t-il en louant la capacité des institutions de 1958 à perdurer, en se modernisant, au fil des ans. Un des grands mérites de cette Constitution est ce que j'appelle sa "stabilité adaptative". Il est important de pouvoir s'appuyer sur une Constitution stable – or celle-ci se caractérise par la plus grande longévité de toutes nos Constitutions. Et, je le dis en tant qu'ancien chef de l'exécutif et notamment de notre diplomatie, c'est un atout dans un monde chaotique de disposer d'un cadre constitutionnel solide. Cependant, le contexte et les problèmes évoluent et il faut savoir aussi s'adapter[13]. »

Et si le souci résidait moins dans la mécanique de nos institutions que dans la lecture que les hommes et femmes de pouvoir en font ? « À Constitution constante, on peut ne pas avoir la

---

13. Entretien avec l'auteure, 7 novembre 2023.

Les Naufrageurs

même pratique. Il n'est écrit nulle part que le président de la République doive faire une vidéo TikTok toutes les deux heures et que les ministres doivent se faire piétiner ! Jacques Chirac a démissionné de Matignon et Jean-Pierre Chevènement, de ses postes ministériels, trois fois. Un ministre doit se faire respecter. Il n'est écrit nulle part non plus qu'il doive se comporter comme un petit garçon face au conseiller de la quatrième soupente de l'Élysée. Le président doit présider pour de vrai et le Premier ministre, gouverner pour de vrai[14] », abonde l'ancien député LR et conseiller d'État Guillaume Larrivé.

Et rien n'astreint un candidat à l'Élysée à promettre la lune à ses administrés. « Les qualités nécessaires pour être élu ne sont pas nécessairement les mêmes que pour exercer le mandat, philosophe Laurent Fabius, bien placé, lui aussi, pour en discuter. Mais ce n'est pas non plus parce qu'on est un bon candidat qu'on fera un mauvais président. C'est le suffrage du peuple. »

« Les institutions, écrivait l'ancien président Georges Pompidou dans *Le Nœud gordien*, publié peu après sa mort en 1974, sont ce que les hommes en font. » Et ils ne sont, précisément, que des hommes.

---

14. Entretien avec l'auteur, 11 octobre 2023.

3

Le grand strip-tease

Et Emmanuel Macron créa Jupiter. Lorsqu'il entame sa grande marche vers l'Élysée, le jeune ministre de l'Économie a l'intuition, fulgurante à moins de 40 ans, qu'il faut remettre dans la fonction présidentielle une part perdue de sacré, un peu de lustre monarchique, de la « verticalité ». Aux premières loges des quinquennats Sarkozy et Hollande, il en a diagnostiqué les ratés[1]. Les deux successeurs de Jacques Chirac ne sont pas parvenus à résoudre le dilemme de nos institutions : comment entretenir l'illusion démocratique qu'on est un dieu tout-puissant lorsqu'on n'est qu'un homme,

---

[1]. Inspecteur des finances, Emmanuel Macron est enrôlé par Jacques Attali comme rapporteur adjoint de sa commission pour la libération de la croissance française, dont le rapport est remis à Nicolas Sarkozy en janvier 2008.

Les Naufrageurs

avec ses failles, ses faiblesses, ses pulsions, qu'on n'a que cinq ans pour agir, au mieux dix, et qu'on est l'otage du rythme effréné des chaînes info et des réseaux sociaux ? L'Élysée n'est pas l'Olympe, les candidats ne sont que de simples mortels, si bien que la déception est inévitable lorsque la poussière de l'élection retombe et que les yeux se dessillent. Dans un entretien un brin stratosphérique mais fondateur au *1 Hebdo* publié à l'été 2015[2], l'aspirant président philosophe sur « l'incomplétude de la démocratie ». Tout remonte, date-t-il, à ce funeste 21 janvier 1793 quand les révolutionnaires traînèrent le roi Louis XVI à la guillotine. « Il y a dans le processus démocratique et dans son fonctionnement un absent. Dans la politique française, cet absent est la figure du roi, dont je pense fondamentalement que les Français n'ont pas voulu la mort. La Terreur a creusé un vide émotionnel, imaginaire, collectif. Le roi n'est plus là ! » Tout s'est construit, énonce l'élève de Paul Ricœur, sur ce malentendu : on attend du président de la République qu'il occupe le fauteuil laissé vide par le roi décapité. La place du mort, si l'on ose dire. Traduit en termes moins ampoulés : lui président de la République, il ne sera jamais Nicolas Sarkozy,

---
2. Entretien à *Le 1 hebdo*, 8 juillet 2015.

ni François Hollande. Ni un président « de l'anecdote, de l'événement et de la réaction » car cela « banalise la fonction », ni « un président normal » car « un tel concept déstabilise et insécurise les Français »[3]. Voilà ses deux prédécesseurs rhabillés.

L'hédonisme au pouvoir

Ce faisant, Emmanuel Macron met le doigt sur un élément majeur de la crise civique : la désacralisation de la fonction présidentielle. « Il nous dit : "Je comprends que les Français n'ont plus de considération pour leur chef de l'État, je vais faire autrement. Je veux restaurer les deux corps du roi, restaurer la partie mystique de la fonction[4]. Au-delà de ma personne, je représente une nation, une histoire, un patrimoine et je me dois donc à un type de comportement public et privé qui fasse que les Français me regardent autrement" », décryptait Patrick Buisson.

Dès les premiers jours de son mandat, Jupiter met le précepte en application avec sa marche solennelle depuis la Cour carrée du Louvre et la

---

3. Entretien à *Challenges*, 16 octobre 2016.
4. Selon la théorie développée par l'historien Ernst Kantorowicz sur le corps physique, mortel du monarque et son corps divin, surnaturel.

Les Naufrageurs

réception au château de Versailles de Vladimir Poutine, qui lui valent d'être taxé de royalisme effréné mais contribuent à donner de l'épaisseur au plus jeune président de la Ve République, pénalisé par son âge et son manque d'expérience. Pour le politologue des droites, le dernier grand dirigeant français depuis Charles de Gaulle était, à cet égard, François Mitterrand. Nul hasard si Emmanuel Macron se revendique des deux hommes. « Chez Mitterrand, il y a une forme de prestance, je dirais même de sacralité. Le plus virulent critique du mythe gaulliste, celui qui a écrit *Le Coup d'État permanent*[5], qui s'est affronté à de Gaulle sur cette question de l'incarnation monarchique, est celui qui se coule le mieux dans la sacralité, la majesté, la dimension sacerdotale de la fonction », constatait Patrick Buisson en rappelant que le président socialiste avait célébré son élection au Panthéon, une ancienne église transformée en monument commémoratif sous la Révolution. Tenant les deux bouts de la chaîne, Mitterrand fête en 1987 le millénaire de la monarchie capétienne dans la basilique de Saint-Denis (Seine-Saint-Denis), en présence du comte de Paris, Henri d'Orléans – une pièce de 10 francs à l'effigie du roi Hugues Capet est même

---

5. Paris, Plon, 1964.

Le grand strip-tease

éditée pour l'occasion. Impensable aujourd'hui. Deux ans plus tard, bouclant la boucle, il organise avec Jack Lang et Jean-Paul Goude de majestueuses manifestations pour le bicentenaire de la Révolution, dont le clou est *La Marseillaise* entonnée par la cantatrice américaine Jessye Norman drapée dans une robe tricolore, sur la place de la Concorde. Là même où Louis XVI fut autrefois décapité.

Quant à Jacques Chirac, « agnostique total », il est aux yeux de l'historien des droites une parenthèse neutre : « Il n'est absolument pas branché sur le sacré. »

« Et Nicolas arrive là-dessus... soupire un ancien du quinquennat Sarkozy. Il fait la meilleure campagne de la Ve République, mieux encore que Giscard, au point qu'on en fait un film[6]. C'était un très bon "campaigner", comme on dit aux États-Unis. Mais à la seconde où il est élu président, il ne fait que des conneries ! Il pète les plombs et tout s'écroule. C'est le Fouquet's, le yacht de Bolloré, etc. »

Sitôt entré en fonction, celui qui se rêve en Kennedy français se retrouve avec l'étiquette du

---
6. Xavier Durringer, *La Conquête*, avec Denis Podalydès dans le rôle de Nicolas Sarkozy, 2011.

Les Naufrageurs

président « bling-bling », lui qui devait prendre du recul en se retirant, loin des sunlights, dans un monastère. « Au soir même de sa victoire, le président élu devait aller se cacher du monde. Il devait rester seul, sans famille, et loin des caméras, dans un lieu tenu secret, en Provence. Le président serait resté là deux jours, avant de réapparaître devant les Français le mercredi. Une retraite symbolique, avant de "se donner à la France"[7] », raconte Georges-Marc Benamou, qui le conseilla après avoir été le confesseur de François Mitterrand. Le lieu idéal a même été déniché. L'abbaye de Lérins, sur l'île de Saint-Honorat, dévoile un ancien conseiller mis dans la confidence, à quinze minutes en bateau de Cannes et à 100 kilomètres du fort de Brégançon, sur les rivages de la Côte d'Azur tout de même. Les moines de Lérins, membres de la congrégation de l'Immaculée-Conception, proposent pour la modeste somme de 420 euros maximum des forfaits d'une poignée de jours, pour « se réapproprier ce temps si précieux dans le tourbillon de nos vies et (re)trouver une véritable respiration spirituelle. Faire silence, se mettre à l'écoute de soi, de Dieu, pour relire sa vocation d'homme et travailler à l'unification de sa vie ». Moyennant

---

7. Entretien à *Nice-Matin*, 11 mars 2012.

Le grand strip-tease

quoi l'on retrouve Nicolas et Cécilia Sarkozy sur le yacht *Paloma* de Vincent Bolloré au large de Malte.

« Je me souviens des premiers mois, se remémore un ancien ministre. C'était à la fois des événements incroyables – la grande crise financière, la présidence française de l'Union européenne, le conflit entre la Russie et la Géorgie – et le type en jeans avec ses Ray-Ban. Le premier Noël de son mandat, il part à Pétra en Jordanie avec Carla et mes amis, tous sarkozystes jusqu'au bout des ongles, me disent : "Ce n'est pas ce qu'on attend d'un président." Dès lors que vous avez un imaginaire monarchique de la fonction, ça vous impose d'être dans la hauteur. »

« D'emblée, on a eu droit au festival que vous connaissez, raconte un autre ancien fidèle. Un divorce et un remariage en six mois, la comédie du "avec Carla, c'est du sérieux", un président qui s'exprime comme un adolescent de 16 ans. Il a humilié les Français comme aucun président avant lui, en les prenant à témoin de ses états d'âme et de ses histoires d'amour. »

Pour la première fois depuis 1958, un président invite les électeurs de son plein gré dans sa chambre à coucher, en revendiquant le droit au bonheur contre l'hypocrisie d'une double vie non assumée. Sa vie sentimentale devient un fait politique. Comble du mélange des genres, son mariage avec le top model Carla Bruni est célébré dans le salon Vert qui jouxte le bureau du chef de l'État, au premier étage du palais, où se tiennent désormais certains Conseils des ministres. Le mur de la vie privée, qui dissimulait aux regards indiscrets les petits accommodements des monarques républicains avec le mariage, s'effondre. « On connaissait l'histoire du laitier de Giscard, on savait que Chirac était surnommé "Monsieur dix minutes douche comprise", mais ça faisait partie de la rumeur ! » déplore le même.

À son corps défendant, François Hollande accentue cette dangereuse pente en transformant ses premiers mois au pouvoir en Vaudeville amoureux, le casque sur la tête à l'heure des croissants et faisant les délices des humoristes avec ses cravates mal ajustées. Restée comme un traumatisme, l'affaire Leonarda, à l'automne 2013, consacre ce déficit d'incarnation : le chef de l'État et chef des armées, l'homme censé appuyer sur le bouton nucléaire en cas de crise internationale majeure, se retrouve à échanger en différé sur BFM TV avec une jeune Rom expulsée avec sa famille au Kosovo. Une mise en scène concoctée par la chaîne pour faire réagir l'adolescente en direct, que l'Élysée n'avait nullement anticipée. « Tout ça est désastreux. Le pré-

Le grand strip-tease

sident est le premier atteint. Les gens se disent : "C'est une bande de branquignoles." Et ça ne fait qu'un an qu'on gouverne... » se lamente en privé le ministre de l'Intérieur Manuel Valls, dévasté, qui prendra vite l'habitude de résumer le climat au sommet de l'État socialiste par cette formule lapidaire : « Bordel et dysfonctionnements ».

« Les Français respectent leurs élus quand ils restent en surplomb. Ils se moquent de savoir si Pompidou ou de Gaulle étaient de chauds lapins. Ils n'auraient jamais voté pour Mitterrand s'ils avaient connu sa véritable vie, achève le conseiller politique Antoine de Chemellier. Ce grand striptease a démystifié la politique. C'est comme cela que des régimes sont tombés. Regardez l'Espagne et le danger qui guette la couronne depuis les révélations autour de la vie privée de Juan Carlos, qui a pourtant restauré la démocratie espagnole ! »

Chef de l'État, animal froid

Instruit des errements du passé, Emmanuel Macron rétablit dès les prémices de sa campagne de 2017 ce que George Orwell appelait la *common decency*[8] en

---
8. La décence populaire.

Les Naufrageurs

dévoilant sur le papier glacé son histoire d'amour follement romantique avec Brigitte, la femme de sa vie. Voici les Français rassurés, ils ne seront pas les témoins affligés de ses peines de cœur, et peu importent les relents machistes et les rumeurs nés de cette union avec une femme âgée de vingt-quatre ans de plus que lui. Peu importent, également, les quelques coups de canif donnés, une fois élu, à la promesse d'une présidence « gaullo-miterrandienne », entre l'idée mal inspirée d'inviter les youtubeurs McFly et Carlito à l'Élysée et cette Fête de la musique qui fit tant jaser avec des danseurs en tenue résille sur le perron du palais.

« Le procès le concernant est un peu différent. On ne dit pas : "Il nous représente mal, il fait honte à la France." L'image qui s'est créée est celle du représentant de l'oligarchie sûr de lui et dominateur. C'est le sentiment que le peuple souverain n'a plus aucune prise, qu'il n'est plus entendu par l'État. Ça a suscité une détestation supérieure, sans doute, à celle visant ses prédécesseurs », analysait Buisson. Un élu présent dans les gradins du Stade de France pour l'ouverture de la Coupe du monde de rugby, en septembre 2023, raconte avoir été choqué des féroces sifflets essuyés par le chef de l'État. « C'étaient des huées, c'était organique. Sur les 80 000 supporters, il y en avait au moins un sur

Le grand strip-tease

deux. C'était physiquement violent, une énorme bronca. Ce n'étaient pas juste des sifflets, c'était une pulsion du stade. Ce qu'il se prend dans la gueule à ce moment-là, c'est hyper-violent. Il y avait une envie de s'en prendre physiquement à lui. »

Dès l'entame de son premier quinquennat, Emmanuel Macron se retrouve prisonnier de l'image du président hautain et arrogant, qui veut faire le bonheur du peuple malgré lui du haut de sa « pensée complexe », inaccessible au commun des mortels. L'impression rétinienne de l'ancien banquier d'affaires à qui tout réussit s'incruste dans les esprits. C'est « le président des riches », des « petites phrases » sur « les fainéants », « les gens qui ne sont rien », « les Gaulois réfractaires » ou « traverser la rue ». Et, plus encore, l'image d'un pouvoir solitaire qui méprise les élus et corps intermédiaires, quand il ne s'efforce pas de les briser.

Résultat : ses thuriféraires d'hier, dégrisés, sont devenus ses plus vifs contempteurs. Et pas parce qu'ils espéraient un poste, une promotion qui ne sont jamais venus. Il y a de l'amertume dans ce retournement, un sentiment de trahison, comme un amour déçu. Emmanuel Macron, reprochent-ils tous, ne sait pas « traiter » les gens, n'entretient pas ses fidélités. « Vous devriez dresser la carte du tendre du président : il n'y a ni carte ni tendresse ! Il

Les Naufrageurs

n'y a que Brigitte et Kohler qui comptent. Pour lui, les gens sont interchangeables... C'est un Narcisse qui a son miroir, Brigitte, et de petits miroirs qui passent leur temps à lui dire : "Vous êtes le plus beau." Il n'a jamais voulu avoir à l'Élysée des gens qui peuvent lui résister, le crucifie un vieux compagnon de route, désabusé. Il a fait sa campagne de 2017 avec des demi-soldes, ce qui était normal pour quelqu'un qui débarquait en politique. Mais qu'il n'y ait pas eu de poids lourds à ses côtés pour celle de 2022 signifie une chose : il n'en veut pas ! »

Combien de responsables de premier plan s'étonnent de ne l'avoir jamais rencontré ? Ainsi le président, auteur du grand discours de la Sorbonne sur l'Europe, n'a-t-il jamais croisé Jacques Delors, cet « artisan infatigable » de la construction européenne auquel il rendra hommage aux Invalides après sa disparition. L'ancien président de la Commission européenne, père de Martine Aubry, ne courait certes pas après et avait fait savoir que le macronisme n'avait, à ses yeux, rien de social-démocrate[9]. Et que dire de sa relation courroucée à l'ancien leader syndical Laurent Berger, que François Hollande prenait soin de convier régulièrement pour maintenir de bonnes relations avec la CFDT

---
9. Entretien au *Point*, 2021.

Le grand strip-tease

en cas de conflit social ? « Macron aurait dû déjeuner une fois par trimestre avec Laurent Berger, malgré leur désaccord idéologique. Il ne l'a pas fait, c'est quand même extraordinaire ! » s'étonne un « textoteur du soir » du président.

Combien, enfin, d'anciens ministres qui n'attendent plus rien, sinon un peu de considération, et dont le smartphone n'a pas affiché son nom depuis belle lurette ? « Je crois qu'on s'est trompés sur le mec », murmure un « premier de cordée » de la macronie. Le grognard Gérard Collomb avait, le premier, alerté sur cette préjudiciable image d'arrogance et un manque d'humilité, peu avant que les Gilets jaunes ne se cabrent contre le pouvoir. « En grec, il y a un mot qui s'appelle *hubris*, c'est la malédiction des dieux. Quand, à un moment donné, vous devenez trop sûr de vous, vous pensez que vous allez tout emporter [...]. Il y a une phrase qui dit que les dieux aveuglent ceux qu'ils veulent perdre, donc il ne faut pas que nous soyons dans la cécité[10]. » Brigitte Macron dut organiser un dîner à trois pour arrondir les angles, sans parvenir à empêcher Collomb de claquer la porte du ministère de l'Intérieur.

Le chic pour cultiver les inimitiés ? Rue de Miromesnil, Nicolas Sarkozy aussi ronge son frein,

---
10. Entretien à RMC et BFM TV, 6 septembre 2018.

Les Naufrageurs

oscillant selon les jours entre compliments et petites perfidies contre son cadet. Lui qui a pris le risque de se mettre à dos sa famille politique, LR, en plaidant pour un accord de gouvernement, en a-t-il été remercié, si ce n'est par quelques missions de représentation sans enjeux et des cérémonies au bout du monde ? « Pourquoi il ne m'utilise pas ? » s'agace l'ancien président, qui aurait tant aimé négocier avec Vladimir Poutine au déclenchement du conflit avec l'Ukraine, comme il l'avait fait en 2008 pour la Géorgie, ou recoudre la relation si dégradée avec le roi du Maroc Mohammed VI. « Utilisons les anciens présidents comme cela se fait aux États-Unis, ils sont jeunes ! » prêche un ancien conseiller élyséen. Fin lecteur des âmes, Nicolas Sarkozy avait un jour défié son successeur : « Nous avons autant d'ennemis, vous et moi. Mais moi, au moins, j'avais des amis. »

Il aura fallu sept ans à François Bayrou pour ouvrir les yeux. Au soir du 7 février 2024, le patron du MoDem comprend avec amertume que ce président qui lui doit tout, qu'il a fait élire en 2017 en lui apportant un soutien inespéré, ne lui rendra pas la monnaie de sa pièce. Lui qui espérait faire un retour triomphal au gouvernement, au ministère de l'Éducation, après sa relaxe en pre-

Le grand strip-tease

mière instance dans l'affaire des assistants parlementaires du parti centriste, comprend qu'il n'en sera rien. Deux jours plus tôt, Emmanuel Macron le lui a pourtant promis les yeux dans les yeux dans le secret de son bureau à l'Élysée. Le chef de l'État sait qu'il doit laver l'honneur du vieux lion de Pau, après l'avoir évincé de son poste de garde des Sceaux en juin 2017 suite à sa mise en cause. Ancien ministre de l'Éducation sous Mitterrand et Chirac (1993-1997), François Bayrou connaît bien le job. Il s'est même permis de distiller ses conseils à Amélie Oudéa-Castéra. L'éphémère et peu brillante ministre, qui a réussi à réveiller la guerre scolaire entre le public et le privé en quelques déclarations maladroites, lui a discrètement demandé audience dans son hôtel particulier de la rue de Constantine (Paris 7e), qui abrite le Haut-commissariat au Plan. Le 7 février, donc, François Bayrou décroche son téléphone pour annoncer en personne à l'Agence France-Presse qu'il ne reviendra pas au gouvernement, faute d'accord.

Les jours suivant sa rencontre avec le président, il a multiplié sans succès les échanges avec Gabriel Attal pour négocier les contours de son futur poste. À son immense surprise, jamais le Premier ministre ne l'a reçu, tout s'est déroulé par téléphone. Y aurait-il un loup ? Le jeune chef du gouvernement

Les Naufrageurs

lui garderait-il un chien de sa chienne pour s'être opposé à son arrivée à Matignon ? Les discussions achoppent sur tout. Attal exige qu'il applique sa feuille de route rue de Grenelle. Bayrou refuse. Il n'est pas un petit garçon, le doigt sur la couture du pantalon, et se rabat sur un giga ministère de l'Aménagement du territoire qui couvrirait les transports et le logement. Las, ce serait déshabiller le ministre en charge, Christophe Béchu, proche d'Édouard Philippe, et froisser les alliés du parti Horizons, objecte le Premier ministre. Qui lui propose, au final, le ministère des Armées. Rejet immédiat de Bayrou, qui ne veut pas d'un titre honorifique sans réelle marge de manœuvre. Furieux et déçu, il laisse éclater sa colère devant les élus du MoDem réunis à dîner au ministère de l'Agriculture, chez son ami Marc Fesneau, au risque de fissurer la majorité. En vérité, c'est moins au président qu'il en veut qu'au Premier ministre. Mais il a compris qu'Emmanuel Macron n'avait pas levé le pouce pour l'aider et faire respecter leur accord.

Le grand strip-tease

La « présidentialite », cette maladie contagieuse

A-t-on perdu le sens du temps long ? Le quinquennat a-t-il borné notre horizon en le cantonnant à la prochaine élection ? Nombre de témoins que nous avons rencontrés s'interrogent sur la capacité des élus nés après la Seconde Guerre mondiale, élevés durant les fastueuses Trente Glorieuses, à penser le tragique du temps.

« Ce qui m'a toujours fasciné, c'est que les gens qui arrivent au pouvoir se résignent si vite, si facilement à l'impuissance. C'est le nœud absolu de la crise du politique, cingle l'essayiste et député européen (PS-Place publique) Raphaël Glucksmann. Tous ces cadors qui, dans la conquête, font preuve d'une virilité absolue, sont perdus comme des enfants quand ils entrent à l'Élysée. Les qualités qu'ils doivent montrer pour prendre le pouvoir ne sont pas du tout les qualités pour l'exercer, c'est un gros problème. Moi, je n'ai pas conçu ma vie pour devenir président de la République. C'est un vrai sacerdoce : ils ne pensent qu'à ça, ne font que ça, pour aboutir à une victoire électorale qui les conduit au firmament de la vie politique. Comment se résignent-ils, une fois au pouvoir, à n'en rien faire ? Fondamentalement, ils n'ont pas le

Les Naufrageurs

sens du tragique. C'est ce qui leur manque. Pour un Nicolas Sarkozy ou un Emmanuel Macron, la politique est un jeu viril, un rapport de force, une série de coups tactiques tous plus impressionnants les uns que les autres. Celui qui dit : "Je vais te pendre à un croc de boucher, mec, moi je suis un dur", quand il se retrouve face à un Vladimir Poutine, qui est un vrai méchant, il se liquéfie. Ces gens ne sont pas structurés autour de l'idée que le pouvoir politique relève d'une forme de sacré. Ils n'ont pas conscience que, *in fine*, le pouvoir est une question de vie ou de mort, de guerre ou de paix. C'est une génération de somnambules. Ils ne veulent pas le pouvoir, ce qu'ils veulent, c'est l'esthétique du pouvoir. Sur l'écologie par exemple, Macron sait qu'il faut en parler, il dit les mots, il coche les cases, mais il n'est pas habité par le caractère tragique de la possibilité d'un effondrement. Ce sont des acteurs de théâtre qui parfois semblent totalement étrangers aux mots graves qu'on met dans leur bouche.»

Ancien premier secrétaire du Parti socialiste, Jean-Christophe Cambadélis partage : « Nous avons des hommes politiques extrêmement intelligents, mais qui n'ont pas de rapport à l'histoire. Hollande, Sarkozy et Macron n'ont pas connu la guerre d'Algérie, la décolonisation. On n'a plus de héros, plus

Le grand strip-tease

d'idéologie, plus de magie, donc on ne croit plus à la politique[11]. »

Observateur neutre de la vie politique, l'ancien secrétaire général de la CFDT, Laurent Berger, est « obsédé » de longue date par cette rupture entre les citoyens et leurs représentants. Elle est le fruit d'une conjonction de crises qu'il convient de prendre très au sérieux, alerte-t-il, sans pour autant être entendu. « Les défis qui sont devant nous sont énormes, sans doute plus monstrueux encore qu'il y a cinquante ans : le réchauffement climatique, les inégalités, avec un vrai modèle social à la française ou européen à reconstruire – pas pour dépenser plus, mais pour dépenser mieux –, la crise démocratique. Ça mériterait d'avoir des gens qui ont une vision à moyen et long terme, analyse l'ex-leader syndical. Là où la démocratie est en difficulté, c'est qu'elle invite les politiques à avoir une vision à court terme, la prochaine élection. On ne travaille plus en termes d'idées. Il y a une incapacité à se projeter, à montrer qu'on a changé de paradigme[12]. »

---

11. Entretien avec l'auteure, 15 novembre 2023.
12. Entretien avec l'auteure, 30 novembre 2023. Après son départ de la CFDT, il a rejoint le Crédit mutuel pour mettre sur pied un institut consacré à « la révolution climatique et environnementale ».

Les Naufrageurs

En avril 2023, au sortir d'une énième réunion infructueuse à Matignon sur la réforme des retraites, adoptée quelques semaines plus tôt par le Parlement à coups de 49-3, l'alors patron de la CFDT brandit cette « grave crise démocratique » face aux caméras. Pure aigreur, grince-t-on alors sous le manteau au sommet de l'État, où l'on se targue d'avoir fait plier la rue après des semaines de manifestations. Piqué au vif, Emmanuel Macron, en visite officielle en Inde, lui fait répondre vertement. Le président a été élu par les Français et dispose d'une majorité, certes relative, pour mettre en œuvre son programme, admoneste l'entourage élyséen en invitant les syndicats, s'ils rêvent de retraite à 60 ans, à voter pour d'autres candidats. Comprendre : Marine Le Pen. Circulez ! Laurent Berger persiste[13]. Il ne vise pas Emmanuel Macron en particulier, il ne fait que mettre en garde sur ce que sont selon lui les racines de la crise civique et sociale à l'œuvre : « une défiance dans les institutions extrêmement puissante », « une société fatiguée, fracturée, avec un sentiment d'invisibilité » qui crie dans les cortèges sa soif de « reconnaissance », « une verticalité du pouvoir » face à « un Parlement où le spectacle donné est malheureuse-

---
13. Entretien à LCI, 11 avril 2023.

Le grand strip-tease

ment indigne ». Ce sont, pointe-t-il, tous les ressorts qui permettent au RN de prospérer. « Je lance une alerte et cette alerte est prise comme une forme d'attaque », se désole-t-il alors.

Qui a tenu compte, depuis, de son avertissement ? « Leur problème, c'est la conquête du pouvoir, pas l'exercice du pouvoir. Ils n'ont pas la culture du compromis, regrette-t-il devant nous. Qui voulez-vous suivre quand vous êtes un citoyen ? J'ai grandi dans une famille de cathos de gauche. Quand j'étais gamin et ado, vous aviez des Michel Rocard, des Robert Badinter, des Pierre Joxe, des Jacques Delors. Et, quand vous étiez de droite, des Raymond Barre, des Jacques Chirac, des Alain Juppé. On peut les critiquer, mais ils avaient un truc. »

Raphaël Glucksmann a trouvé un nom à cette maladie infantile de la Ve République : « la présidentialite ». À l'instar du publicitaire Jacques Séguéla, qui professait qu'on avait raté sa vie si l'on ne possédait pas de Rolex à l'âge de 50 ans, une partie de la classe politique semble considérer qu'une candidature à la présidentielle est un *must* sur un CV.

« Sarkozy a joué énormément dans la dévalorisation de la fonction. Après lui, tout le monde s'est

Les Naufrageurs

cru autorisé à être candidat, même les plus fantaisistes », griffe un ancien sarkozyste en rupture de ban. Combien de responsables LR se sont désolés, à l'automne 2021, d'assister à une « primaire des N-1 » ? Après l'ancien président Nicolas Sarkozy et les anciens Premiers ministres François Fillon et Alain Juppé cinq ans plus tôt, place aux anciens ministres Valérie Pécresse, Xavier Bertrand et Michel Barnier, ainsi que Philippe Juvin et Éric Ciotti, qui n'ont, pour leur part, jamais participé à un gouvernement. Un élu présent dans le cortège qui ramenait le député des Alpes-Maritimes du premier débat télévisé entre les impétrants sur LCI se souvient d'une scène édifiante. Éric Ciotti le sait, il vient de marquer des points, excellant face à ses compétiteurs, au point qu'il se murmure qu'il pourrait créer la surprise. Sur son portable, les SMS de félicitations crépitent, de Nicolas Sarkozy lui-même. Le héros du jour, hilare, se tourne vers son équipe : « Il ne manquerait plus qu'on gagne ! »

Comment mieux dire que la course à la magistrature suprême est devenue un accélérateur de notoriété, le moyen le plus court pour atteindre d'autres buts, le ministère de l'Intérieur ou la mairie de Nice dans le cas de l'intéressé ? Une forme de rupture de contrat avec les électeurs.

4

Gulliver enchaîné

C'est une citation presque banale noyée au beau milieu d'un article. On n'y prendrait garde si elle n'émanait pas d'un fidèle du président. En découvrant l'édition du *Monde* du 6 mai 2023, un an après sa seconde investiture, Emmanuel Macron se braque. Impuissant, lui ? « Méfions-nous d'un péché mignon du macronisme : la parole performative. Le projet le plus séduisant sur le papier ne vaut que si on réussit à le mettre en œuvre », serine le député Renaissance de Paris, Gilles Le Gendre, l'un des premiers apôtres du macronisme, questionné par la journaliste Claire Gatinois. Grand diseux, petit faiseux, traduit en langage plus populaire. Comment mieux dire que, comme ses prédécesseurs, Emmanuel Macron se retrouve entravé par mille chaînes, des contraintes européennes qui

Les Naufrageurs

le dépassent au poids d'une machine administrative folle qui mène parfois sa vie propre ? « Moi, je suis tout en haut, je donne cent. À la fin, en bas, il reste dix », avait coutume de dire Nicolas Sarkozy pour illustrer la force d'inertie à laquelle se heurte tout occupant de l'Élysée. Son jeune successeur s'y est cassé les dents à son tour, tout promoteur de la « start-up nation » qu'il soit. « Quand je dis : "Je veux que ce mur soit blanc", dès la fin de la réunion, il y a des mecs qui me reprennent : "C'est mieux s'il est blanc cassé." Et, au final, le mur est marron... » soupire-t-il devant ses ministres. Si bien que la communication tient parfois lieu d'action chez cet ancien aspirant acteur, entraîné sur les planches du lycée La Providence d'Amiens, aux yeux de ses détracteurs. « Macron est un performeur, un acteur. Ses visites au Salon de l'agriculture, c'est : "J'ai battu Chirac en durée." Le grand débat national, c'est une performance scénique, une érection de sept heures ! » brocarde un « Premier ministrable ».

Les nains de la mondialisation

Que peuvent encore les élus sur le cours de nos vies ? À la décharge du président, les Français ont intégré de longue date que nombre de décisions se jouent ailleurs, privant les États d'une partie de leurs prérogatives. Pourquoi, dès lors, se déplacer au bureau de vote ?

« C'est l'effet de la mondialisation sur la capacité des États à décider. La globalisation de l'économie conduit les acteurs privés à des prises de décision qui rendent plus difficile la maîtrise par les nations de leur destin. Ça conduit les citoyens à s'interroger sur l'intérêt de désigner des représentants dont la marge de manœuvre semble réduite quasiment à néant », analyse l'ancien Premier ministre Bernard Cazeneuve.

À la remorque de l'économie mondiale et de ses errements, les États ont ainsi dû payer la facture de la grande crise systémique provoquée par les subprimes en 2007-2008. De même ont-ils cassé leur tirelire pour éponger les effets d'un autre naufrage global, sanitaire cette fois, le Covid, qui a rendu possible l'impossible : oubliées les règles de saine gestion budgétaire, place au « quoi qu'il en coûte ». L'État ne décide plus, il subit.

« C'est un phénomène fondamental. Il est puissamment intégré, consciemment ou non, par les citoyens, et parfois corroboré par les déclarations politiques d'un certain nombre d'élus », poursuit l'ancien chef du gouvernement. Une référence à

Les Naufrageurs

l'aveu terrible de Lionel Jospin, qui constitua un virage dans le regard porté sur les responsables politiques et leur capacité à « changer la vie ». Le 13 septembre 1999, le Premier ministre socialiste subit le feu roulant des questions d'un Claude Sérillon pugnace sur le plateau du journal télévisé de 20 heures de France 2. Les 7 500 suppressions d'emploi programmées par le groupe Michelin sur le continent européen, malgré des bénéfices à la hausse ? Une « décision choquante », regrette-t-il, tout en confessant qu'une mobilisation des syndicats et des salariés serait bien plus efficace que les admonestations des élus. « Il ne faut pas attendre tout de l'État ou du gouvernement, professe-t-il avec une franchise désarmante. Ce n'est pas par la loi, ce n'est pas par des textes, ce n'est pas par l'administration que l'on va réguler l'économie aujourd'hui. »

Vécue comme une démission du politique, une trahison, cette sortie crée une onde de choc au sein de la « gauche plurielle », triste écho à la déclaration fataliste de François Mitterrand en 1993 : « Dans la lutte contre le chômage, on a tout essayé. » C'était pourtant l'honneur d'un homme politique de reconnaître que tout ne se jouait plus à son niveau. Lionel Jospin paiera cher son honnêteté. Candidat à la présidentielle de 2002 face à

Gulliver enchaîné

Jacques Chirac, il est confronté à des salariés de l'usine Lu d'Évry, que le groupe Danone veut fermer, malgré des excédents. En larmes, les employés désarmés l'interpellent : « On va être virés comme des chiens pour qu'ils gagnent encore plus d'argent. Qu'est-ce que le gouvernement attend pour faire des choses ? » s'époumone l'un. Un autre réclame la réquisition des entreprises qui licencient, face à un Lionel Jospin glacial et démuni : « Si à chaque fois qu'il y a un plan social, il faut nationaliser... » À bout d'arguments, un homme le défie et propose de voter à l'avenir pour les patrons, plutôt que pour des politiques impuissants. « Vous n'avez qu'à essayer cette solution », réplique le chef du gouvernement, avant de tourner les talons.

Les échecs successifs de Nicolas Sarkozy et François Hollande à sauver les hauts-fourneaux d'ArcelorMittal à Florange (Moselle) achèveront de briser le mythe des élus omnipotents. « Quand, sur des sujets fondamentaux, ceux qui dirigent l'État disent : "L'État ne peut pas tout", les Français comprennent : "L'État ne peut plus rien" », achève Bernard Cazeneuve.

L'Insoumis François Ruffin a vécu aux premières loges dans sa Picardie natale la grande casse sociale héritée de la mondialisation des échanges, aux racines de son engagement politique. « La première

Les Naufrageurs

cause d'apathie politique, dans les années 1970, c'est le choix du libre-échange, qui a produit une érosion, un dumping fiscal, social et environnemental. On nous a expliqué que c'était la "fatalité", la "compétitivité", qu'il fallait bien nous "adapter". Ce choix du libre-échange a mis le politique à la remorque de l'économique, dans une adaptation, une érosion toujours par le bas, martèle le député LFI. En 1975, mon année de naissance, c'est le pic de la production textile en Picardie. Dix ans plus tard, on n'a plus de textile, tout est liquidé. Pourquoi ? Parce qu'entre-temps, il y a eu la signature des accords qui ont permis la délocalisation dans les pays du Maghreb, puis à Madagascar, en Inde et en Chine. En dix ans, le climat politique a basculé dans ma région, en lien avec la situation sociale. En 1985, ce sont des plans de licenciement en série, les Restos du cœur qui ouvrent. C'est la dépression sociale et économique, qui porte évidemment en elle une dépression politique. Le point de départ est là[1]. »

Un constat que partage la numéro deux de LR Emmanuelle Mignon, malgré ses convictions libérales : « Les gens ont le sentiment, pas tout à fait infondé, que les États, sur les questions écono-

---
1. Entretien avec l'auteure, 16 novembre 2023.

miques et sociales, ne peuvent plus rien. Que les grandes boîtes prennent leurs ordres à Shanghai, à Singapour, auprès des fonds de pension américains, et que ce n'est plus entre les mains des politiques. »

L'Union européenne aussi est venue supplanter dans les esprits la suprématie des élus nationaux. Une partie de notre destin se joue désormais à Bruxelles. Que peut encore le chef de l'État français seul, sans la masse critique de l'Union européenne, face aux géants russe, chinois et américain ? Que peut encore notre armée, sans alliés, pour assurer la souveraineté de la France, toute puissance nucléaire qu'elle soit ? Les menaces de Donald Trump sommant les pays membres de l'Otan de payer leur écot s'ils veulent bénéficier à l'avenir du parapluie américain sont venues rappeler combien les États, isolés, sont fragiles. N'est pas de Gaulle qui veut, qui tenait tête à l'Otan et raillait le « machin » onusien.

« La puissance, ça se construit, ce n'est pas du spectacle. Si on veut être crédibles quand on va voir Vladimir Poutine et Xi Jinping, il faut représenter 500 millions d'Européens. Il faut incarner le premier marché du monde, presse le député européen Raphaël Glucksmann, qui invite l'Union européenne

Les Naufrageurs

à se réveiller d'urgence pour se doter de moyens de dissuasion fédéraux : On est un continent hyperriche, ultra-développé et on n'est pas foutus d'assurer nous-mêmes notre sécurité ! Le 5 novembre 2024, il y a une élection aux États-Unis et papa va peut-être décider de se barrer de la maison et nous laisser seuls avec des gens qui veulent nous faire la guerre ! Le fait que, tous les quatre ans, on passe une nuit blanche pour savoir ce que votent les électeurs aux États-Unis, pour être sûrs qu'on sera défendus, prouve à quel point on est ados. Il faut passer à l'âge adulte. »

Las, pour nombre de Français, l'Europe est d'abord synonyme de bureaucratie tatillonne, d'empilement de normes, de délocalisations et de moins-disant social, du plombier polonais au poulet ukrainien. « Le lieu d'expression de la démocratie qu'est la nation n'est plus le lieu d'exercice du pouvoir – du moins ce qu'il en reste – qui est en grande partie à Bruxelles. Cela crée une distanciation très puissante entre le peuple et le décideur », relève Emmanuelle Mignon.

Si encore la politique vendait du rêve, un espoir de progrès... Dépossédés d'une partie des instruments de leur puissance, les élus se gardent bien de faire miroiter encore aux Français le retour des

Gulliver enchaîné

« jours heureux », comme le fit imprudemment Emmanuel Macron au mitan de la crise sanitaire. « On explique à nos enfants qu'on est sur une planète qui va peut-être mourir, que tout a une finitude. Jusqu'ici, la politique se nourrissait d'espérance. J'ai trente-cinq ans de carrière politique et, avant, j'expliquais aux gens que, même si beaucoup de choses ne fonctionnaient pas, la politique avait encore la capacité de changer la donne et de redonner de l'espoir, se désole l'ancien ministre du Logement (LR) Marc-Philippe Daubresse. Le Covid a aggravé la chose. Nous traversons une période où le sentiment de l'impuissance publique est réel. Les gens considèrent que les politiques sont de beaux parleurs et que rien ne changera, que ce soit la droite, la gauche ou le centre. Ils éprouvent un sentiment de résignation et d'accablement, parfois de déclassement, qui se transforme en colère[2]. »

Ancien directeur de Sciences Po Paris et ancien proche collaborateur de Bertrand Delanoë et d'Anne Hidalgo, Mathias Vicherat s'est plié à un exercice instructif : relire les discours de Jean Jaurès. « Il conjuguait tous ses verbes au futur. Le propre du politique, c'est de projeter la société idéale. Quand on lit les discours politiques aujourd'hui, il y

---

2. Entretien avec l'auteure, 10 octobre 2023.

Les Naufrageurs

a peu de futur, beaucoup de présent et une incapacité à projeter un modèle de société pour demain. Le futur, aujourd'hui, n'est plus qu'une source d'inquiétude : c'est le réchauffement climatique, le délitement des liens sociaux, la violence de la société. Cette incapacité du politique à se saisir du futur est l'un des premiers éléments qui explique le désintérêt des Français[3]. »

Pour retrouver la confiance des électeurs, l'Insoumis François Ruffin préconise donc d'en finir d'urgence avec les promesses mirobolantes de lendemains merveilleux et de se contenter, déjà, de « changer la vie un peu, en mieux ». D'autant qu'à l'échelle nationale, un autre piège redoutable ligote les responsables publics : une machine administrative embolisée au dernier degré.

Les Shadoks au pouvoir

C'est une autocritique rarissime venant d'un grand serviteur de l'État, formé sur les bancs de l'ENA (promotion Voltaire, 1980), ancien secrétaire général de l'Élysée de surcroît. Jean-Pierre Jouyet a travaillé aux côtés de Nicolas Sarkozy et François

---

3. Entretien avec l'auteure, 31 octobre 2023.

Gulliver enchaîné

Hollande, vécu de près les mandats de Jacques Chirac, dirigé l'Autorité des marchés financiers et la Caisse des dépôts et consignations, et mis le pied à l'étrier au jeune Emmanuel Macron, dont il a poussé la nomination au gouvernement en 2014. Il le confesse : des années durant, il a été un rouage d'une bulle technocratique coupée des réalités des Français. « Quand vous êtes secrétaire général, vous vous occupez essentiellement de l'administration centrale et vous ne travaillez pas assez sur ce qui est local et sur les préoccupations quotidiennes des Français. Ça ne remonte pas, c'est une espèce d'engrenage interministériel », expose-t-il devant nous, dépeignant « un État extrêmement centralisé où toutes les décisions remontent à l'Élysée ». Si bien que le pouvoir se retrouve privé des capteurs de terrain qui lui permettraient de « voir venir les réactions populaires et provinciales[4] ». Ce haut fonctionnaire émérite en a tiré un ouvrage au titre éloquent, *Est-ce bien nécessaire, Monsieur le ministre ?*[5], où il raconte avoir été longtemps « plus intéressé par les règles qui s'appliquaient aux administrations centrales que par celles qui s'appliquaient aux administrés ». Nominations aux postes clés de la République et autres décorations peuplaient

---

[4]. Entretien avec l'auteure, 17 janvier 2024.
[5]. Paris, Albin Michel, 2023.

son quotidien. « J'ai été davantage DRH de la République que réformateur de l'État. » Quant aux réformes, il en convient, « aux yeux de l'écrasante majorité des responsables politiques, ce n'est pas un travail de fond mais une manière de communiquer au gré de l'actualité ». Salutaire confession. Sous couvert d'anonymat, un préfet décrit, à l'unisson, un système administratif qui s'est autonomisé, appliquant selon son bon vouloir les directives des gouvernants et bafouant de fait le suffrage universel : « L'administration a une vraie capacité de résistance. Elle cultive les pesanteurs, on voit les agendas s'allonger... Il y a une différence fondamentale dans la gestion du temps entre l'administration et le politique, c'est que l'administration est installée, elle a le temps. Pour le politique, le temps est compté. » Ainsi les ministres se retrouvent-ils souvent confrontés, dès leur nomination, à une administration centrale qui a déjà vu passer plusieurs gouvernements avant eux et finit par leur imposer ses *desiderata*.

Sous l'impulsion d'Emmanuelle Mignon, Nicolas Sarkozy a, dès son élection de 2007, la conviction qu'il faut importer en France le *spoil system* (système des dépouilles anglo-saxon) pour remplacer, à chaque changement de majorité politique, les

Gulliver enchaîné

120 directeurs d'administration centrale par des personnalités loyales au nouveau pouvoir élu. Suspecté de vouloir forger un « État UMP » à sa main, il renonce rapidement, mais garde durant tout son mandat la hantise de finir cannibalisé par les hauts fonctionnaires. « Je ne veux pas me retrouver enchaîné par le système. Si je ne suis pas en mouvement permanent, le système me rend immobile ! » répète-t-il aux ministres de son premier cercle. Pour briser le glacis de cet « État profond », il faut toute la poigne et la détermination de politiques aguerris.

« On ne peut pas reprocher à la bureaucratie d'exister, en vérité. Les politiques lui ont laissé la main parce qu'ils sont eux-mêmes issus de la technocratie ! constate l'ancien ministre Hervé Morin, devenu président du conseil régional de Normandie. À l'époque où j'étais collaborateur de François Léotard, les grands leaders avaient une compréhension du pays extrêmement forte parce qu'ils en avaient bavé pour en arriver là. Ils n'avaient pas été nommés. Ils avaient tous bataillé pour devenir maire, député, ils connaissaient les ressorts puissants de la société française. Quand vous aviez Charles Pasqua en face de vous, il avait la main. Simone Veil aussi, quels qu'aient été ses défauts. »

Les Naufrageurs

Rare ministre à avoir laissé l'image d'un grand réformateur, du plan de rénovation urbaine pour les quartiers au Grenelle de l'environnement, Jean-Louis Borloo a mené une inflexible croisade contre ceux qu'il surnomme, suivant les jours, « les petits hommes gris » ou « les fermiers généraux », avec une détestation revendiquée pour les inspecteurs des finances. Combien de fois a-t-il tordu le bras de Bercy pour arracher quelques milliards, usant de tout son poids politique auprès de Jacques Chirac et de sa cote de popularité dans l'opinion ? À force de pugnacité et de ruse, il a fini par se faire respecter par la haute administration. Ainsi du grand plan de cohésion sociale, doté de près de 13 milliards d'euros sur cinq ans, une somme folle aujourd'hui. Un jour du début 2004, Jacques Chirac l'appelle : « Jean-Louis, on va passer la barre des 10 % de chômeurs. Comment on fait pour baisser ? » Quelques jours plus tard, Borloo débarque dans son bureau avec un plan en dix points pour « les oubliés de la République » (des « contrats d'avenir », 800 000 jeunes accompagnés vers l'emploi, de nouveaux logements sociaux, des maisons de l'emploi, etc.) : « Je veux une équipe avec Gérard Larcher, Catherine Vautrin, Marc-Philippe Daubresse et un grand ministère qu'on appellera la Cohésion sociale. » Le président tope. La haute administration freine. Le secrétaire général

Gulliver enchaîné

de l'Élysée lui susurre : « C'est quand même un très gros ministère pour vous ! » À Bercy, le directeur de cabinet du ministre du Budget comprend, lui, que rien n'arrêtera ce bulldozer. « Je vous ai vu faire sur la rénovation urbaine. Vous nous avez contournés et vous avez eu raison. Il est temps que les élites du pays traversent la Seine », lui glisse en substance Augustin de Romanet, autre serviteur de l'État, qui deviendra son directeur de cabinet au ministère de la Cohésion sociale.

Combien d'Augustin de Romanet, de nos jours ? Qu'ils soient maires ou ministres, les responsables publics de tous échelons se heurtent à cette résistance. « Une fois par mois, je suis obligé de dire à mon directeur général : "C'est moi le patron et vous allez faire ce que je vous dis, que ça vous plaise ou non" », témoigne Hervé Morin. « Quelquefois, j'explose ! acquiesce son homologue des Pays de la Loire, Christelle Morançais, soutien d'Édouard Philippe. C'est un combat de tous les jours. L'administration est habituée à faire des plans, des mesures, elle aime complexifier[6]. »

Aspirant candidat à la prochaine présidentielle, Laurent Wauquiez en a fait l'une de ses batailles, la

---

6. Entretien avec l'auteure, 4 décembre 2023.

clé de voûte de toute transformation future du pays. À la source du rejet des élus, il y a selon lui « une crise de résultat », structurelle, qui percute tous les responsables politiques, quels que soient leur étiquette, leur grade ou leur soif de changement. L'ancien ministre aime à citer ce trait d'esprit de Paul Begala, ancien conseiller de Bill Clinton : « Le *Titanic* avait un problème d'iceberg, pas un problème de communication[7]. »

« Nous n'avons pas un problème d'orchestre, de communicant ou de marketing, explique le président du conseil régional d'Auvergne-Rhône-Alpes. Nous avons un problème très simple qui s'appelle le résultat. La politique française ne produit plus aucun changement et plus aucun résultat. Je ne doute pas de la volonté sincère d'un Gérald Darmanin de remédier aux problèmes de sécurité. Mais la réalité, c'est qu'il fait annonce après annonce et que l'immigration et l'insécurité n'ont jamais été aussi fortes. Je ne doute pas que Bruno Le Maire ne soit pas un gaspilleur par essence et qu'il préférerait avoir des comptes à l'équilibre. La réalité, c'est que notre pays n'a jamais été autant criblé de dettes. Je ne doute pas qu'Édouard Philippe soit sincère quand il dit : "Il ne faut pas ruiner le pays." La

---

7. Entretien avec l'auteure, 13 décembre 2023.

réalité, c'est que ses deux premières années à Matignon sont celles où on a le plus dilapidé d'argent, indépendamment du Covid », crucifie-t-il, ciblant à dessein ses adversaires putatifs à droite pour 2027.

La faute, accuse-t-il, à une administration qui a perdu de vue sa mission première. « La noblesse du service public français, c'était d'assurer la continuité de l'État et de mettre en œuvre les impulsions du politique. C'est l'esprit de Montesquieu, le principe de la République : il n'y a pas d'administration autonome, mais un exécutif qui est sous le commandement des élus choisis par le suffrage universel. Or, l'administration s'est autonomisée, avec des directeurs d'administration centrale qui sont devenus inamovibles, et elle s'est idéologisée. On a des préfets qui nous expliquent : "Il faut que je négocie avec mon administration pour voir si elle me laisse faire !" Le préfet était la figure de l'État issu de Napoléon, la courroie de transmission du Second Empire, enraciné sous la IIIe République. Comment a-t-on pu tomber à ce niveau de folie ? »

Sauf à dynamiter ce système entré, selon lui, « en décadence », point de salut. Au risque d'être accusé de dérive droitière, Laurent Wauquiez préconise notamment de mettre au pas les « autorités administratives indépendantes », plus connues

– détail révélateur – par leur sigle que sous leur véritable nom : l'Arcom, la Cnil ou la HATVP[8]. Des « monstres juridiques », pointe-t-il. « Soit on est en démocratie et il n'y a pas d'administration indépendante, soit ça s'appelle une dictature administrative. Avant, on portait des projets, maintenant on porte des normes et des règles. Avant, notre pays c'était Gustave Eiffel, le TGV, les fusées, l'aéronautique, les maisons de la culture édifiées par André Malraux. Maintenant, ce sont des normes et des règles. Le pouvoir politique s'est résigné à ce qu'on passe d'une culture d'ingénieurs à une culture de juristes. »

La révolution avortée

Candidat en 2017, Emmanuel Macron promet aux Français la Révolution, titre de son manifeste de campagne. « Je vous ordonne de renouer avec l'esprit de la Révolution française, réitère-t-il sept ans plus tard devant les quatorze ministres du gouvernement resserré dont il a chargé le jeune Gabriel Attal, entassés dans le petit salon Vert de l'Élysée.

---

8. Arcom (Autorité de régulation de la communication audiovisuelle et numérique) ; Cnil (Commission nationale de l'informatique et des libertés) ; HATVP (Haute Autorité pour la transparence de la vie publique).

Gulliver enchaîné

Vous n'êtes pas seulement des ministres, vous êtes les soldats de l'An II. Je ne veux pas des gestionnaires, je veux des révolutionnaires. »

Tant d'emphase pour quel résultat ? Comme ses prédécesseurs, le leader maximo élyséen s'est retrouvé prisonnier, depuis sa première élection, de la gangue administrative. Un conseiller présent à Matignon fin 2018, au soir de son intervention télévisée sous haute tension en réponse à la révolte des Gilets jaunes, se souvient de la mine déconfite du « dir-cab » d'Édouard Philippe, Benoît Ribadeau-Dumas, en découvrant le bonus de 100 euros promis par le président aux salariés au Smic : « Mais je ne sais pas faire ça, moi ! » Les jours suivants, la prime Macron est rabotée à 90 euros... L'acmé de l'absurdie technocratique est atteinte durant la crise sanitaire, avec des règles de distanciation amphigouriques et des listes kafkaïennes de produits et de salariés essentiels ou non.

Le député Renaissance des Yvelines Karl Olive, qui aime à se présenter comme « un amoureux du terrain qui va sentir le cul des vaches », est l'un des rares élus macronistes capables de lancer à Emmanuel Macron qui s'enquiert de l'état du pays : « Ça se passe très mal, mon président, parce que tu fais des conneries ! » « Mon capteur, c'est toi », lui glisse souvent le chef de l'État, qui aime le bagout

Les Naufrageurs

tout parisien de cet ex-journaliste sportif, ancien directeur des sports de Canal +. En pleine crise du Covid, Karl Olive dégaine son smartphone. « Président, à ton avis, combien fait la surface d'un terrain de football ? Environ 6 000 m^2. Les gestes barrières, c'est 4 m^2 par personne. Ça veut dire que tu peux mettre 1 500 personnes en respectant les gestes barrières sur un terrain de foot. Tu peux m'expliquer pourquoi vous nous faites chier quand il y en a trois qui s'entraînent ? Ce que vous faites, c'est un cahier des charges, il n'y a aucune humanité. » Emmanuel Macron encaisse. « Maintenant, on va prendre un terrain de basket : 400 m^2. Donc on peut faire jouer 100 personnes et ils ne sont que 5 à s'entraîner. On va les faire chier ? Un terrain de handball, c'est 600 m^2, on peut en mettre 150. Ils sont 10 à jouer, on va les faire chier aussi ? Il faut rouvrir. Fais confiance aux maires, tu vas te rabibocher avec eux. » Emmanuel Macron valide : « Banco, vas-y. » Karl Olive contacte alors la ministre des Sports, qui le félicite d'avoir desserré le carcan sanitaire. Une demi-heure plus tard, contre-ordre. On lui fait savoir que « ce n'est pas d'actualité ». Karl Olive tombe de sa chaise et rappelle le président : « Demain, tu vas devoir m'envoyer le préfet pour me mettre les menottes parce que je vais rouvrir le stade ! »

Gulliver enchaîné

Malgré l'impulsion donnée au sommet, le président s'est lui-même fait contre-arbitrer par l'administration. Si bien qu'il lui arrive, pour y remédier, de céder à la tentation de tout faire lui-même, quitte à éclipser ses ministres, dont le premier d'entre eux. Au risque de tomber dans des détails relevant d'un secrétaire d'État comme lors de sa conférence de presse de janvier 2024 où furent empilées les mesurettes, du bannissement des tablettes pour les enfants aux cours de théâtre au collège, jusqu'aux soucis de fertilité des Français. « Le président n'est jamais aussi à l'aise et efficace que quand il joue au super maire, défend Karl Olive. Mais, dans un fonctionnement normal, est-ce que c'est à lui de le faire ? Non. »

Le chef de l'État a aussi contribué à aggraver le phénomène à force de bonnes intentions mal calibrées, qui se sont retournées contre lui. En nommant des ministres issus de la société civile plutôt que des professionnels de la politique supposément rejetés par les Français, il en a parfois fait le jouet de leur administration, plus expérimentée.

Le ministère de l'Éducation en est la parfaite illustration, dont les deux premiers titulaires ont ferraillé avec la haute fonction publique. « Jean-Michel Blanquer était un excellent ministre, concède un ténor de LR. Mais il a cru qu'il serait plus fort que son administration. Et c'est elle qui l'a mangé. » De même pour son successeur Pap Ndiaye, si critiqué, poursuit un pilier de la macronie : « Ce qui l'a planté, c'est qu'il n'avait pas choisi son équipe, qui n'était pas assez politique. »

En restreignant la taille des cabinets ministériels aux fins de réduire le train de vie de l'État, Emmanuel Macron a aussi rendu ses ministres otages des hauts fonctionnaires. Enfin, en mettant plus de trois semaines à désigner les ministres délégués et secrétaires d'État destinés à compléter le gouvernement Attal, laissant des secteurs clés comme le logement ou l'énergie sans pilote, il a *de facto* cédé les manettes à l'administration durant la transition. Quelle autorité, dès lors, pour les nouveaux ministres en poste ?

« Pendant longtemps, on avait des directeurs et directrices de cabinet qui étaient des hybrides entre une très grande compétence techno et une vraie plus-value politique. Ça n'existe plus du tout et on a essentiellement des technos pur jus qui sont interchangeables avec les directeurs d'administration centrale. Le politique est devenu une courroie de transmission de la technocratie administrative. On a un système qui se reproduit dans une bulle cognitive et d'entre-soi, décrypte, sous couvert de *off*, un ancien haut fonctionnaire, pour qui Emmanuel Macron s'est retrouvé pris à son propre piège. Il a rendu le pouvoir à l'administration. Lui qui voulait combattre "l'État profond" lui a donné les clés du camion. C'est le paradoxe des conséquences selon Max Weber. Les ministres étant très faibles, pour la plupart, c'est l'administration qui dirige. »

Symptomatique, une méchante plaisanterie circule sous le manteau en macronie, illustrant la faiblesse des équipes depuis 2017 : « Si tu connais plus de dix ministres du gouvernement, c'est que tu en es toi-même membre ! » Seuls ont surnagé les profils les plus politiques, de Bruno Le Maire à Gabriel Attal, de Gérald Darmanin à Sébastien Lecornu, devenus quasi incontournables. L'un d'eux se gausse : « Il y a eu deux périodes depuis 2017 : une première où être un technicien, c'était formidable, et où les politiques étaient peu nombreux et considérés comme un peu sales ; et une seconde, où les technos sont mal vus à leur tour. J'ai vu le président demander à des ministres de tenir des réunions publiques et certains lui répondre : "Mais comment on fait ?" »

La macronie a de fait souvent cédé au plaisir coupable de la « novlangue » la plus absconse. « Quand on parle d'"indexation", on est plus du côté des sta-

Les Naufrageurs

tistiques que des gens. Quand on dit que Matignon "délivre", on est dans un langage extrêmement déshumanisé et déshumanisant », regrette un député Renaissance, pas franchement transporté par les nouveaux concepts macronistes de « réarmement » et de « régénération ».

Un homme cristallise les critiques autour de cette « technostructure » : le secrétaire général de l'Élysée Alexis Kohler, suspecté de brider la flamme disruptive du chef de l'État. « C'est l'homme qui a tué Macron et le premier quinquennat. Il a provoqué le départ de certains conseillers à force de vouloir tout contrôler et il a raréfié l'oxygène autour du président », vilipende un macroniste historique. Un mauvais procès, contredisent les hauts fonctionnaires qui l'ont côtoyé et qui louent sa force de travail. Elle lui vaut les doux surnoms de « confiné zéro » ou « AK 47 ». « Le vrai sujet, c'est qu'il n'y a plus personne de disruptif à l'Élysée, sur le modèle d'Emmanuelle Mignon à l'époque de Nicolas Sarkozy. Aujourd'hui, une bonne idée ne peut venir que du cerveau de Macron car il ne veut personne de brillant autour de lui. Du coup, il ne se régénère pas. Il est sec, lyophilisé ! » note un énarque de gauche proche d'Alexis Kohler. Un habitué du palais pique : « Le problème, c'est le chef. Emmanuel Macron n'écoute personne. Vous n'avez pas compris qu'il a rendez-vous tous les soirs avec son miroir ? »

Si on avait écouté le Général...

Il est un autre écueil auquel le président se heurte, sans parvenir réellement à avancer, faute de majorité au Parlement : le millefeuille des pouvoirs locaux, devenu si touffu et indigeste qu'il mériterait le surnom de pudding territorial. Candidat, il fait miroiter aux Français un « pacte girondin » pour rendre du pouvoir aux élus locaux et promet régulièrement depuis une nouvelle vague de décentralisation, au nom de la sacro-sainte « proximité ». Il y a urgence, de fait, tant est devenue illisible la répartition des compétences.

Lorsqu'il était ministre de l'Éducation, Gabriel Attal a rapidement touché du doigt les limites de cet enchevêtrement de strates qui donne le tournis aux citoyens et le sentiment que les élus se défaussent les uns sur les autres. Ce pourrait être un numéro de stand-up, si les effets n'étaient pas si délétères sur la confiance dans la parole publique. « Quand je me déplaçais sur le terrain, des gens m'engueulaient parce que le bâtiment de l'école était délabré, alors que ce n'est pas de la compétence de l'État mais de leur commune ! narre Gabriel Attal. Et ils engueulaient le maire parce qu'il n'y avait pas de prof, alors que c'est de la compétence du ministère. Un jour, j'étais dans un collège de Seine-Saint-Denis. Les parents d'élèves n'étaient pas contents parce que le collège était en mauvais état. Je leur ai dit : "J'entends parfaitement vos critiques mais celui qui est chargé du collège, c'est le département." Et là, ils m'ont rétorqué : "Ah mais attendez, ne cherchez pas à vous défausser !" Sur les manuels scolaires, c'est un truc de fou. Sont chargés d'acheter les manuels scolaires pour les écoles, la mairie ; pour les lycées, la région ; pour le collège, ce devrait être le département, eh bien non, c'est l'État ! Ça n'a aucun sens. Et à la fin, quand les gens ne sont plus capables de comprendre qui est responsable de quoi, quand ils entendent des élus ou des politiques se renvoyer la balle parce que ce n'est pas de leur compétence, ils perdent confiance dans la politique et se disent que personne n'a de prise sur rien[9]. » Bienvenue en Absurdie.

Ensevelie dans les tréfonds de la mémoire de la Ve République, une réforme aurait pourtant permis de clarifier ce maelström : le big-bang territorial des-

---

9. Entretien avec l'auteur, 19 décembre 2023.

siné par Charles de Gaulle, soumis aux Français par référendum. Une incroyable occasion manquée. Le 2 février 1969, neuf mois après la grave secousse de Mai 68, le Général détaille à Quimper les contours de la « société moderne » qu'il appelle de ses vœux. Son idée : faire travailler les pouvoirs publics main dans la main, de façon totalement imbriquée et non plus atomisée. Près de quinze ans avant les lois Defferre de décentralisation, il propose de créer de grandes collectivités territoriales – des régions – qui associeraient des représentants de tous les élus locaux (conseillers généraux, députés, maires) et des forces vives (entreprises, partenaires sociaux), et de faire de même avec le Sénat. Le 25 avril 1969, le général vieillissant, qui cherche à se relégitimer dans l'opinion, prévient à la télévision qu'il quittera la présidence si ce référendum échoue. Deux jours plus tard, les Français lui répondent non à 52,4 %. La physionomie du pays en eût pourtant été changée.

Emmanuel Macron a-t-il laissé échapper la possibilité de transformer radicalement le pays ? Certains de ses lieutenants s'interrogent, brandissant l'exemple, oublié, du rapport proprement révolutionnaire du Comité d'action publique 2022 remis à l'été 2018, à l'entame de son premier mandat.

Les Naufrageurs

Piloté par un « triumvirat » composé de la patronne de Nexity et ex-« dir-cab » de Matignon Véronique Bédague, de l'ancien directeur de Sciences Po Frédéric Mion et du patron de Safran Ross McInnes, il avançait une liste de 22 préconisations d'une audace folle pour faire sauter tous les verrous et économiser 30 milliards d'euros en cinq ans : sortir de la culture de la norme, assouplir le statut des fonctionnaires pour les aligner sur le régime privé, développer massivement le numérique pour sauver le secteur de la santé et les services publics, etc. Il fut discrètement enterré en pleine crise des Gilets jaunes, car d'inspiration trop libérale. « Jusqu'où le président avait-il la volonté de transformer le pays ? doute un pilier de la macronie. Ce rapport est un gâchis inouï parce qu'il y avait tout dedans, et on avait le temps avec nous car c'était en 2018. Je me demande si tout n'a pas vrillé après l'affaire Benalla et les Gilets jaunes. C'est triste... »

5

Haro sur les cours suprêmes

Dans les couloirs feutrés de l'aile Montpensier du Palais-Royal (Paris, 1ᵉʳ), qui héberge les sages du Conseil constitutionnel, la charge a fait l'effet d'une petite bombe. Au printemps de l'année 2023, Laurent Fabius s'indigne en découvrant l'entretien fleuve accordé au *Point* par Laurent Wauquiez, rompant un silence de près de deux ans. Celui qui prétend à la succession d'Emmanuel Macron dénonce un « coup d'État », rien moins, commis par des « cours suprêmes », accusées de s'arroger indûment le pouvoir de faire la loi, en lieu et place des « élus choisis par le peuple ». Dans le viseur de l'ancien ministre de Nicolas Sarkozy : le Conseil d'État, la Cour de cassation, la Cour européenne des droits de l'homme mais aussi, « en partie », le Conseil constitutionnel. « Lorsqu'il contrôle la constitutionnalité des lois, il est dans son rôle. Pas quand il fait de la politique, comme Laurent Fabius[1] », blâme-t-il, en ciblant nommément le patron des sages, gardien sourcilleux de la Constitution, pilier de l'État de droit.

La Ve République a toujours été le théâtre d'un subtil équilibre de la terreur entre les pouvoirs politique et judiciaire, de hautes personnalités n'hésitant pas à s'en prendre publiquement au juge constitutionnel. C'est François Mitterrand qui, dans *Le Coup d'État permanent*[2], le croque en « garçon de courses » du général de Gaulle et en « Cour suprême de musée Grévin ». En 1981, quatorze ans avant de siéger lui-même au Conseil constitutionnel, le premier secrétaire du PS Lionel Jospin le toise en promettant que rien n'entravera la mise en œuvre des 110 propositions pour la France du président Mitterrand : « Jamais les grands courants de la réforme ne se sont laissé arrêter par une Cour suprême[3]. » Quelques semaines plus tard, les sages n'en censurent pas moins la grande loi sur les nationalisations (Thomson, Saint-Gobain, Pechiney, Rhône-Poulenc, etc.) du gouvernement de Pierre Mauroy. En 1993, c'est le Premier ministre Édouard Balladur, tout sauf un dangereux illibéral, qui tempête depuis la tribune du

---
1. Entretien au *Point*, 10 mai 2023.
2. *Op cit.*
3. Sur France Inter, 21 octobre 1981.

congrès de Versailles en accusant le Conseil de faire de la politique, après l'invalidation d'une disposition sur le droit d'asile. François Hollande doit aussi ravaler sa promesse fétiche de campagne sur la taxe à 75 %, caviardée par la rue de Montpensier.

« Il y a toujours eu une concurrence entre le prince machiavélien, qui est titulaire du pouvoir politique de l'État-nation, et le juge suprême, qui est l'attributaire de l'autorité juridictionnelle de l'État de droit. Le pouvoir politique est limité par l'autorité juridictionnelle dans sa capacité d'action et dans ses marges de manœuvre, analyse un conseiller d'État, en remontant à la genèse de cet état de fait : On a assisté à l'émergence de la figure du juge suprême après 1945, car il y avait une volonté de ligoter le Léviathan après ce qu'on avait vécu pendant la Seconde Guerre mondiale avec le totalitarisme. »

Désormais, un discours insidieux de contestation du « gouvernement des juges », avec la volonté affichée de les mettre au pas, déborde des rangs habituels de la droite dure, césariste et trumpiste, pour faire tache d'huile jusqu'au sein des formations traditionnelles de gouvernement, LR en tête.

Les Naufrageurs

Coupable légèreté

Les débats épiques autour du projet de loi sur l'immigration ont constitué, à cet égard, un périlleux virage, dans un jeu pervers de défausse entre la majorité relative et l'opposition. La faute initiale en revient à l'exécutif. Rarement l'on a vu un gouvernement s'en remettre de si désinvolte façon aux sages pour enterrer des dispositions, ajoutées par l'opposition, qui ne lui convenaient pas. Votez, le Conseil retoquera ! grincent dans les travées de l'hémicycle, avec une coupable légèreté, les responsables de l'exécutif.

Ancien président du Conseil constitutionnel (2007-2016), le chiraquien Jean-Louis Debré est bien placé pour savoir que le pouvoir pèche parfois par amateurisme, à force de logorrhée législative. « C'est l'ivresse de la loi. En 1980, le *Journal officiel* faisait 15 000 pages. En 2022, il avait plus que triplé ! Je parle souvent d'insécurité législative », souffle-t-il. Avec, à la clé, d'inévitables petits arrangements. « Quand j'étais au Conseil constitutionnel et qu'on examinait un recours, le secrétariat général du gouvernement me disait parfois : "Ça, Monsieur le président, ce n'est pas un article qui a été voulu par le gouvernement." Ça voulait dire : "Vous pouvez annuler." On a même vu des ministres expliquer :

"Vous pouvez voter, le Conseil annulera." Mais où va-t-on ? C'est une décadence par lâcheté des politiques. » De sérieux ratés, dignes d'une politique de gribouille, il en a connus aussi. « Un jour, on voit arriver la loi sur le logement, dont un article fait plusieurs pages. Je dis aux juristes du Conseil, de grands professeurs de droit : "Je vous offre une bouteille de champagne si vous parvenez à m'expliquer ce que ça signifie." Ils lisent l'article et me répondent : "Ça ne veut rien dire." [...] La loi est devenue un instrument de la communication politique »[4], achève-t-il, dépité.

Pressentant la catastrophe à venir sur la loi immigration, Laurent Fabius met donc solennellement en garde Emmanuel Macron en janvier 2024 depuis la salle des fêtes de l'Élysée, profitant de la cérémonie des vœux du président. Le Conseil constitutionnel, tance-t-il, n'est pas « la chambre d'appel des choix du Parlement ». Attendre des sages qu'ils rétablissent le droit et réparent les impairs du législateur serait, alerte-t-il, un dévoiement. Une quinzaine de jours plus tard, le verdict tombe. Un choc : plus du tiers du texte est censuré. Sur 86 articles, 35 sont invalidés, pour la plupart insérés sous la pression de la droite. Patron des sénateurs LR et père de nombre des dis-

---

4. Entretien avec l'auteure, 8 novembre 2023.

positions contestées, Bruno Retailleau vilipende une manœuvre politique muselant l'opposition. « Le gouvernement des juges commence quand le juge impose une norme sortie de son esprit », cravache-t-il en citant le doyen Georges Vedel, ancien membre émérite du Conseil constitutionnel. En coulisses, les ténors de la droite cherchent à identifier le coupable parmi les neuf sages, dans un malsain jeu de Cluedo, convaincus que la décision a été très serrée dans les discussions à huis clos sur la loi immigration. Sous le manteau, ils s'échangent même un SMS d'Alain Juppé, qui fut l'un des leurs avant d'être nommé rue de Montpensier, le suspectant d'avoir fait pencher la balance du mauvais côté...

« Nous sommes face à une vraie dérive, où le Conseil constitutionnel ne fait plus du droit mais de la politique. Est-ce que c'est conforme à l'État de droit ? Non. Un juge constitutionnel viendrait regarder le Conseil constitutionnel, il le déclarerait inconstitutionnel ! » charge Laurent Wauquiez lorsqu'il nous reçoit dans ses bureaux de la rue de Solférino (Paris, 7e), à deux pas du musée d'Orsay. Il reproche aux sages de chercher à se substituer au législateur. « Ce n'est pas à des juges de définir la politique migratoire de la France. Si on additionne le tout – le Conseil constitutionnel qui décide qu'on

Haro sur les cours suprêmes

ne peut pas imposer la rétention de sûreté aux terroristes qui sortent de prison, que la consultation régulière de sites internet djihadistes n'est pas un délit, que l'aide à l'entrée illégale sur notre territoire peut être autorisée[5] –, ce n'est même pas la peine qu'on discute d'une loi sur l'immigration ! Aucune loi sur l'immigration ne changera quoi que ce soit tant qu'on sera dans ce système. C'est un vrai déni démocratique[6]. »

Pour le président de la région Auvergne-Rhône-Alpes, formé à sa sortie de l'ENA dans les murs du Conseil d'État, la ligne de fracture est nette entre deux visions de la démocratie : « La première, celle de Jean-Jacques Rousseau dans le *Contrat social*, considère que le peuple est souverain et qu'à partir du moment où le peuple a voté, rien ne peut endiguer l'expression de la volonté populaire. L'autre approche, celle de Benjamin Constant, nous dit : "Attention, le peuple est un dictateur, il faut le corseter avec des contre-pouvoirs." Très bien, mais à force de vouloir corseter le peuple, il va se venger

---

5. À l'été 2018, saisi d'une question prioritaire de constitutionnalité (QPC), le Conseil constitutionnel a reconnu pour la première fois l'existence d'un principe de fraternité. Condamné pour avoir aidé quelque 200 migrants à entrer clandestinement sur le territoire depuis l'Italie et pour les avoir hébergés, l'agriculteur militant Cédric Herrou fut définitivement relaxé par la Cour de cassation.

6. Entretien avec l'auteure, 13 décembre 2023.

et on va finir par tuer la démocratie ! Montesquieu serait halluciné de voir ce qu'on a fait de sa conception de la séparation des pouvoirs. Il faut remettre d'urgence chacun à sa place : les juges appliquent la loi et doivent être respectés pour cela ; le législateur fait la loi et doit être protégé dans sa vocation. »

Dans les heures suivant la censure du projet de loi sur l'immigration, Laurent Wauquiez frappe les esprits en dénonçant « un coup d'État de droit » et en mettant au débat une proposition hautement polémique : autoriser le Parlement à s'affranchir du veto des sages : « Dans notre démocratie, c'est au peuple d'avoir le dernier mot, par ses représentants ou par référendum[7]. »

Telle n'est pas la conception d'un Laurent Fabius, qui met en garde sur les vertus supposées de la souveraineté populaire poussée à son extrême. « C'est le mot célèbre, magnifique, de Victor Hugo : "Souvent, la foule trahit le peuple"[8] », professe-t-il. Au soir de ses vœux aux Français du 31 décembre 2018, après les deux journées terribles qui virent la République vaciller, l'Arc de triomphe saccagé et la préfecture de Haute-Loire – le département de Laurent Wauquiez – incendiée, Emmanuel Macron opéra la

---
7. Entretien au *Parisien*, 25 janvier 2024.
8. Entretien avec l'auteure, 7 novembre 2023.

même distinction, ténue mais ô combien déterminante, entre la « foule haineuse » et le « peuple souverain » qui « s'exprime lors des élections ».

« Qu'est-ce qui caractérise une démocratie avancée, aujourd'hui ? décrypte le président du Conseil constitutionnel dans son immense bureau préservé des rumeurs de la rue. C'est le fait qu'elle assure le respect de l'État de droit. Les parlementaires votent la loi, mais la loi doit respecter les principes inscrits dans la Constitution, qui est la loi des lois. Il faut donc que des personnalités non élues, des "sages", vérifient si la loi est conforme ou non à ces principes. Le Conseil constitutionnel est un rempart pour nos libertés et pour nos droits ; mais le rempart est aussi une cible. »

L'ancien Premier ministre, qui a présidé par deux fois l'Assemblée nationale et occupé les palais les plus prestigieux de la République, a suivi avec inquiétude les manifestations historiques en Israël contre la réforme de la justice voulue par Benyamin Netanyahou, lequel entendait retirer à la Cour suprême la possibilité de juger du « caractère raisonnable » des décisions du gouvernement et de la Knesset, le Parlement de l'État hébreu. Une tentative de « coup d'État » pour mettre les juges au pas, dénoncée par l'opposition israélienne. Gare à ne pas suivre à notre tour cette dangereuse pente, prévient

Les Naufrageurs

Laurent Fabius. Les pouvoirs autoritaires, de la Hongrie de Viktor Orbán aux États-Unis de Donald Trump, rappelle-t-il, s'en prennent toujours, de prime abord, au juge constitutionnel en cherchant à rogner ses pouvoirs ou à en désigner les membres à leur main. « En France, certains disent : "Si nous accédons au pouvoir, nous saisirons directement le peuple par référendum pour réviser la Constitution – même si cet usage-là de l'article 11 est inconstitutionnel – et introduire par exemple la préférence nationale." Ils ajoutent que "puisque ce sera la décision du peuple, elle s'imposera à tous et le Conseil constitutionnel n'aura rien à dire". Or, toute révision constitutionnelle doit passer par l'article 89 de la Constitution et implique l'accord préalable des deux assemblées. Alors que cette approche était jusqu'ici une chasse gardée de l'extrême droite, d'autres groupes la rejoignent désormais avec le slogan que les juges restreignent en réalité les libertés et sont des empêcheurs de tourner en rond. »

Contrairement aux hommes et femmes politiques, insiste-t-il, les sages n'ont pas d'agenda personnel, plus de carrière à accomplir, ni de comptes à régler. Il en a souvent parlé avec Robert Badinter, emblématique garde des Sceaux qui présida avant lui le Conseil constitutionnel. « Quand on demandait à mon regretté ami Robert : "Qu'est-ce qu'être indépendant ?", il répondait, ce qui ne figure dans aucun manuel : "C'est n'avoir rien à espérer et rien à redouter." Oui, pour un juge, l'indépendance est essentielle. Que voulez-vous que les membres du Conseil constitutionnel aient à redouter ou à espérer ? Notre seule boussole doit être le droit. »

Le temps béni de la pandémie

Ce fantasme d'un pouvoir dégagé de toute entrave, libéré d'un juridisme pointilleux, n'est pas l'apanage des formations politiques de droite. Face aux obstacles administratifs qui se sont dressés sur la route de leur champion depuis 2017, certains Marcheurs en sont venus à cultiver une nostalgie non avouée de la crise sanitaire. Une époque, pas si bénie pourtant, où le pouvoir s'est affranchi, avec l'absolution du Parlement, des pesanteurs inhérentes à l'État de droit. « Le Covid nous tendait une formidable perche. On avait envoyé valdinguer tous les principes bureaucratiques qui étouffent le service public. Ça nous montrait *in vivo* ce que pouvait être une transformation radicale et profonde du pays », murmure un « premier de cordée » de la macronie, qui se désole que le président n'ait pas poursuivi sur cette lancée en faisant exploser les barrières. C'est l'époque où, méprisant les critiques sur une dérive autoritaire, Emmanuel Macron assume une lecture hyper-présidentialiste des institutions, multipliant les Conseils de défense discrétionnaires dans le « PC Jupiter » et décrétant l'état d'urgence sanitaire. L'époque où l'on diffère des élections – le second tour des municipales, avant les départementales et les régionales – sans que nul ou presque ne lève un sourcil. Une démocratie en mode dégradé, imposée par la pire épreuve traversée depuis un siècle. Qui s'en souvient ? Le 11 mai 2020, la France entière est sortie de quarantaine dans des conditions juridiques fort peu académiques. Le gouvernement ayant transmis le texte nécessaire au Conseil constitutionnel tardivement, en plein week-end, le déconfinement se tint sans que cette décision ait encore force de loi, faute d'être promulguée dans les temps.

L'usage à répétition de l'article bazooka de la Constitution, le 49-3, par le gouvernement d'Élisabeth Borne pour faire passer des textes sans vote, faute de majorité dans ce nouveau quinquennat, fait régulièrement hurler les élus Renaissance eux-mêmes, privés *de facto* de leur droit d'amender la loi et transformés en simples courroies de transmission. « Il ne faut pas sous-estimer le fait que beaucoup de députés de la majorité se sentent méprisés. On n'a même pas le temps de discuter des textes, le 49-3 tombe tout de suite et nos amendements ne sont pas repris. Les députés d'opposition ont le droit de déposer une motion de censure, nous, on a juste le droit de fermer nos gueules ! » râle un influent élu macroniste.

Si cette méchante habitude est totalement conforme aux canons de la Constitution, il n'est pas interdit de s'interroger, en revanche, sur l'empilement de procédures castratrices visant à tordre parfois le bras du Parlement. Ce fut le cas pour une réforme sociale d'envergure, le projet de loi sur les retraites, sur lequel l'exécutif a imposé successivement l'article 47-1 de la Constitution limitant les débats à cinquante jours, malgré l'absence de tout caractère d'urgence, puis les articles 49-3 et 44-3, son équivalent au Sénat, dit du vote bloqué. Sans parler du choix baroque, pour faire passer une réforme de cette importance, d'un projet de loi de financement de la Sécurité sociale rectificatif (PLFSSR), dont l'unique intérêt était de permettre à la cheffe du gouvernement d'utiliser le 49-3 sans griller un joker pour la suite[9]. « On joue avec les

---

9. Depuis la réforme constitutionnelle de 2008, le gouvernement ne peut recourir à l'article 49-3 que sur un seul texte par session

Les Naufrageurs

lignes. Dans cette affaire, on est au bord de l'abus de droit en permanence », tressaille à l'époque une figure du groupe macroniste.

C'est toute la question qui a agité la réunion à huis clos des membres du Conseil constitutionnel le 14 avril 2023 pour statuer sur la réforme des retraites, après des semaines de manifestations houleuses dans les rues du pays. Si le script détaillé, consigné par un greffier, ne sera connu que dans un quart de siècle, la rumeur en est parvenue jusqu'à nous. Car les gardiens de la Constitution, cloîtrés dans la salle des audiences aux teintes bleu et or, ont assisté ce jour-là à un événement qui les a laissés cois. Suivant la tradition, les huit sages installés de part et d'autre de Laurent Fabius autour de l'élégante table de verre s'expriment les premiers. Tous convergent sur la même position, reprenant à leur compte les conclusions du rapport qui leur a été remis préalablement : il n'y a pas lieu de censurer la copie du gouvernement faute d'entorse juridique, si ce n'est quelques « cavaliers » (des dispositions sans lien avec le texte). Vient le tour du président du Conseil de s'exprimer. Seul contre tous, Laurent Fabius fait savoir qu'il est en désaccord avec la méthode usitée pour contraindre le

---

ordinaire à l'Assemblée. À l'exception notable des textes budgétaires, dont les PLFSS et PLFSSR, pour lesquels son usage reste illimité.

Haro sur les cours suprêmes

Parlement, assumant d'être minoritaire dans sa propre maison. Nul doute qu'il garde constamment en tête la mission sacrée que lui a assignée François Hollande en le nommant à ce poste convoité : « C'est à vous et à votre collège qu'il reviendra de protéger les libertés. » Le sort, dans cette affaire, semblait d'avance scellé si l'on se réfère aux équilibres internes. Sur les neuf membres du Conseil, il n'en reste que deux, dont Laurent Fabius, nommés sous le quinquennat Hollande. Les sept autres ont été désignés sous l'ère Macron, soit par le président de la République en personne (les anciens ministres Jacqueline Gourault et Jacques Mézard), soit par des fidèles (Alain Juppé, choisi par le macroniste Richard Ferrand), soit par le président du Sénat Gérard Larcher dont le parti, LR, milite de longue date pour la retraite à 65 ans.

Mis au secret de la tentative solitaire de Laurent Fabius de pulvériser la réforme phare de son second mandat, Emmanuel Macron fulmine. Une censure aurait constitué une gifle magistrale, un brevet en amateurisme, le condamnant à coup sûr à l'inaction jusqu'au terme de son décennat. Les deux hommes n'ont jamais eu d'atomes crochus. Quand le Tout-Paris s'extasiait sur la « Ferrari » Macron, bombardée à Bercy, lui persiflait en privé : « À son âge, j'étais déjà Premier ministre... » « Macron est

Les Naufrageurs

fou de rage contre Fabius. Il considère que c'est une agression délibérée ! » tonne un habitué de l'Élysée.

Un épisode que Laurent Fabius se garde bien de commenter, se retranchant derrière le secret des délibérations des sages : « Vous savez, on dit tellement de choses ! On saura dans vingt-cinq ans. Individuellement, c'est un peu long mais pas tellement, finalement... » Début 2025, son mandat de neuf ans, non renouvelable, atteindra son terme. Nul doute que le chef de l'État réfléchit déjà à son successeur, lequel aura la lourde charge de faire respecter, sans jamais plier, l'État de droit face au futur président – ou à la future présidente – que les Français désigneront en 2027 pour succéder à Emmanuel Macron. « Le bon sens exigerait de nommer Alain Juppé pour trois ans [son mandat s'achève début 2028]. Mais le président n'a-t-il pas intérêt à désigner un homme à lui pour neuf ans au cas où Marine Le Pen serait élue ? L'élégance voudrait que ce soit Juppé ; l'efficacité, une autre personnalité », calcule un visiteur du soir.

Formidablement inquiet face aux sombres nuages qui s'amoncellent dans les cieux de l'Hexagone, Bernard Cazeneuve sent poindre inexorablement, dans la classe politique comme dans la population, une funeste tentation. Elle porte un nom : « la démocrature », régime hybride où l'on vote pour choisir ses représentants, mais où l'on s'émancipe du droit. Un péril que le poids démesuré des normes et une bureaucratie devenue obèse lui font plus que jamais redouter : « La complexité des procédures juridiques est vécue par nos concitoyens comme un empêchement, qui donne l'impression d'une impuissance et d'une atrophie de l'État. Quand vous avez le sentiment que le droit empêche, que le droit est une source d'inefficacité – quand on vous explique par exemple qu'on ne peut pas expulser des gens parce qu'il faut des laissez-passer consulaires, parce qu'il y a des recours, notamment lorsque ces individus présentent un grave danger –, naît de plus en plus la conviction que, si on ne doit pas toucher au suffrage universel, on peut toucher à l'État de droit. C'est la démocrature, le populisme. Un nombre de plus en plus grand de citoyens est prêt à ce renoncement à l'État de droit pour plus d'efficacité. Mais tout cela est un leurre et un mensonge. L'État de droit nous protège, il est notre bien le plus précieux. Sans son fondement, la démocratie s'étiole », frémit-il. Le fiasco de la loi immigration n'aura assurément rien arrangé.

6

La révolte des « sans-cravates »

Toujours tirés à quatre épingles, les onctueux huissiers de l'Assemblée nationale en costume queue-de-pie, nœud papillon blanc et chaîne à plastron ont longtemps tenu à la disposition des députés oublieux de précieuses cravates conservées dans des « placards de secours » aux abords immédiats des travées écarlates de l'hémicycle. Une règle non écrite stipulait que l'on ne se présentait dans cette vénérable maison qu'avec une mise correcte, conforme à la dignité du lieu. On n'ose imaginer le désarroi de ces serviteurs zélés de la République en voyant débarquer le 21 juin 2022 la troupe des 75 députés Insoumis, affichant avec affectation leurs tenues bariolées et cous non cravatés comme on brandit un étendard, dans une joyeuse ambiance de petits pas de danse, poings levés et hymnes gilets-jaunesques

Les Naufrageurs

(« Même si Macron ne le veut pas, on est là »). Ils en ont vu d'autres, certes. Les huissiers les plus expérimentés se racontent encore la repartie fameuse d'une Michèle Alliot-Marie, alors simple conseillère, qu'ils durent arrêter à l'entrée de l'hémicycle parce qu'elle portait un pantalon, interdit à l'époque dans cette enceinte, et qui les avait mouchés d'un : « S'il vous gêne, je peux l'enlever ! » Chacun se souvient du costume Mugler à col Mao de Jack Lang qui fit tant jaser. Ou de Jean Lassalle qui provoqua une suspension de séance en refusant d'ôter son gilet jaune. Mais jamais un groupe entier n'avait fait sécession. Trop heureuse de l'aubaine qui permet à ses députés fraîchement élus de se notabiliser à vitesse accélérée, Marine Le Pen se prend les pieds dans le tapis en ce début d'été en leur recommandant d'adopter la cravate et en livrant ce conseil vestimentaire mal avisé : « Nous, on n'est pas La France insoumise, on ne vient pas en tongs et en chemisettes à fleurs ! » *Bad buzz* garanti sur les réseaux sociaux ultramarins alors que trois députés du Tāvini huiraatira ont fait leur entrée au Palais-Bourbon en paréos *lavalava* et sandales, la tenue traditionnelle polynésienne.

À droite aussi, on tousse. Le questeur Éric Ciotti (Les Républicains) sévit en exigeant une refonte du règlement de l'Assemblée en vue de restaurer le

La révolte des « sans-cravates »

port obligatoire de la cravate pour les hommes face au « relâchement vestimentaire et comportemental ». En riposte, les députées LFI débarquent cravatées et le jeune Insoumis Louis Boyard réclame l'interdiction des « costumes aux prix indécents » dans une allusion transparente aux complets Arnys hors de prix offerts à François Fillon. Député de droite pendant vingt ans avant de rallier Renaissance, Renaud Muselier mitraille « une gauche sale, débraillée, qui hurle, qui crie partout ». Le cirque est tel que le sénateur centriste Hervé Marseille accuse les troupes mélenchonistes de transformer la Chambre basse en « camp de gitans », avant de s'excuser. Dans les rangs macronistes, une méchante blague fait aussi florès lorsque la terreur des punaises de lit affole l'Hexagone, relayée par l'Insoumise Mathilde Panot brandissant une fiole des maudites bestioles, tel Colin Powell, son flacon d'anthrax : « Nous, au moins, on sait où sont les punaises sur les bancs de l'hémicycle... » Le règlement de l'Assemblée, désormais, prévoit le port d'une tenue « convenable et non détendue ni, *a fortiori*, négligée », avec veste obligatoire pour les hommes et cravate fortement recommandée.

Les Naufrageurs

L'offense faite au peuple

Submergée par les deux groupes mastodontes du Rassemblement national (89 députés[1]) et de l'alliance de gauche de la Nupes (151 députés), l'Assemblée nationale se transforme d'emblée en chaudron dans cette 16e législature balbutiante frappée par l'absence de majorité. Les séances télévisées de questions au gouvernement ne sont que chahut, hurlements, invectives et claquements de pupitre, dans un brouhaha à provoquer des maux de crâne. La macronie s'affole, prenant conscience du calvaire qui l'attend. « Jean-Luc Mélenchon et Marine Le Pen sont des jumeaux. Les LFI vont nous emmerder la vie ! Le vrai risque de ce quinquennat, c'est la crise de régime. C'est ce que veut Mélenchon, c'est un dictateur en puissance, un dingue ! » fulmine un ministre de poids aux premières heures de ce nouveau quinquennat.

Des incidents, bien sûr, il y en eut autrefois, et de pires, en ces lieux. En 2006, des élus socialistes manquent d'en venir aux mains après une provocation du Premier ministre Dominique de Villepin, qui a taxé avec morgue François Hollande de « lâcheté ».

---

[1]. Le groupe RN tombe à 88 députés en janvier 2023, après la défaite dans une législative partielle de sa candidate sortante Anne-Sophie Frigout, dont l'élection a été invalidée par le Conseil constitutionnel.

La révolte des « sans-cravates »

Durant les débats houleux sur le mariage gay, une bagarre générale est à deux doigts d'éclater une nuit, quand des députés UMP se ruent vers les bancs du gouvernement pour protester. Traité d'« abruti » par Gaston Defferre en 1967, le gaulliste René Ribière le défie en duel à l'épée, le dernier de l'histoire. Mal lui en a pris, le malheureux a été défait. Et que dire des injures antisémites qui ont jailli parfois des travées ? En 1974, Simone Veil, rescapée de la Shoah, reste d'une impassible dignité face aux insinuations mauvaises qualifiant sa loi sur l'IVG de « génocide » digne du régime nazi. Autre épisode sinistre, Léon Blum doit essuyer en 1936 les infamies d'un Xavier Vallat, futur commissaire aux questions juives du régime de Vichy, après son discours de politique générale : « Pour la première fois, ce vieux pays gallo-romain sera gouverné par un Juif. »

Des noms d'oiseaux, Jean-Louis Debré en a entendus durant son quinquennat à la présidence de l'Assemblée nationale (2002-2007). Un hémicycle, se targue-t-il, ça se tient ! « Quand les socialistes et communistes voulaient foutre le bordel, je leur disais : "OK, mais une heure et après vous arrêtez." Je n'avais aucun problème avec Maxime Gremetz[2], un

---

2. Élu député de la Somme sous l'étiquette communiste à partir de 1978. Cette figure de l'Assemblée a marqué les débats par ses coups de colère et d'éclat.

Les Naufrageurs

numéro ! Si le ton montait trop haut pendant les séances de questions au gouvernement, je suspendais la séance et, quand on reprenait, ceux qui parlaient ne passaient plus en direct à la télévision », raconte celui qui s'est reconverti dans le théâtre et l'écriture de romans policiers, mais continue à observer avec un brin de gourmandise et beaucoup de dépit le spectacle politique. Les sonneries de son portable en témoignent. Un parlementaire ? *L'Opportuniste* de Jacques Dutronc résonne. Un chef à plume ? *J'me voyais déjà*, de Charles Aznavour. « Vous savez pourquoi je m'entendais avec tout le monde à l'Assemblée ? » confie-t-il. Parce qu'enfant, lui, le fils de Michel Debré, faisait du patin à roulettes la nuit dans les couloirs du Palais-Bourbon avec d'autres gamins, devenus ensuite agents et huissiers des lieux. Une époque révolue. L'ancien ministre de l'Intérieur en convient : lorsqu'il était au Perchoir, jamais il n'a eu à gérer des élus si indociles que les LFI.

Ce qui distingue cette 16e législature, c'est l'effet de masse. En décembre 2023, l'Assemblée nationale recense pas moins de 145 sanctions prononcées en dix-huit mois, pour outrage, tumulte, provocations et autres injures, essentiellement contre des élus Insoumis. Un stupéfiant record, si l'on songe qu'il n'y eut que 16 rappels à l'ordre sous le premier

La révolte des « sans-cravates »

quinquennat d'Emmanuel Macron et 6 sous le mandat de François Hollande. C'est le député LFI Ugo Bernalicis qui se voit privé pendant un mois de la moitié de son indemnité pour avoir gravement perturbé les travaux de la Commission des lois ; son collègue Thomas Portes qui est banni quinze jours pour avoir posé sur les réseaux sociaux avec, sous le pied, un ballon à l'effigie du ministre du Travail, Olivier Dussopt ; l'Insoumis Aurélien Saintoul qui qualifie le même Olivier Dussopt d'« assassin », aussitôt chapitré par le président de séance, l'élu RN Sébastien Chenu, trop heureux du cadeau. Les « marinistes » ne sont pas en reste, pourtant. Souvent, le vernis craque. Le député RN Grégoire de Fournas écope de la peine maximale : quinze jours d'exclusion et la privation de la moitié de son indemnité pendant deux mois – pour avoir lancé à son collègue LFI Carlos Martens Bilongo, selon le compte rendu de séance, la « VAR[3] » parlementaire : « Qu'il retourne en Afrique. » Marine Le Pen elle-même surprend en s'en prenant à l'ancienne ministre macroniste Nadia Hai avec un fort peu conventionnel – s'agissant d'une triple finaliste à la présidentielle : « Ferme-la, toi ! Ferme-la ! » sans être sanctionnée.

---

3. *Video assistant referee*, pour « assistance vidéo à l'arbitrage » au football.

Les Naufrageurs

Au ban de la République

C'est toute la question de l'« *hexis* corporelle ». Être élu, représenter le peuple, c'est une façon de s'exprimer, de se tenir, un rituel. Rompant avec les codes, les Insoumis ont fait de leur tenue relâchée une posture, un acte politique, revendiquant de se faire ainsi les porte-drapeaux des catégories populaires. « Il y a eu dans cette Assemblée des sans-culottes, nous serons les sans-cravates ! » édicte dès 2017 Jean-Luc Mélenchon, pourtant lui-même cravaté de rouge. « Toujours, la volonté des députés qui bousculaient ces normes était la même : faire entrer dans l'hémicycle la voix des milieux populaires, symbolisée par la tenue qu'ils portent au quotidien », répondent en écho, dans un courrier très étayé adressé à la présidente de l'Assemblée, Yaël Braun-Pivet à l'été 2022, les Insoumis Mathilde Panot et Alexis Corbière. « Se déguiser » ? Ce sera sans eux. Dans leur missive, ils rappellent que les représentants du tiers-état furent sommés par le roi, lors des états généraux de 1789, de se présenter en « cravate en mousseline » et « veste et culotte de drap noir ».

D'autres, avant les Insoumis, ont revendiqué avec éclat dans l'hémicycle leur extraction populaire. En 1889, le député du Parti ouvrier Christophe

La révolte des « sans-cravates »

Thivrier fait scandale en arborant une blouse bleue. En 1997, le communiste Patrice Carvalho, mécanicien à la ville, se présente en bleu de chauffe. Plus près de nous, François Ruffin est sanctionné en 2017 pour provocation parce qu'il s'est affiché lors d'un débat sur la taxation des clubs de football professionnels en maillot vert de l'Olympique Eaucourt (Somme) afin de défendre les clubs amateurs.

Le groupe LFI peut, il est vrai, se targuer d'abriter en son sein la plus forte proportion de représentants de la société civile, dont d'anciennes figures des luttes sociales et syndicales comme Rachel Keke, égérie de la grève des femmes de chambre de l'hôtel Ibis Batignolles, à Paris, en 2019. Sur 75 élus LFI, on décompte 3 ouvriers et 14 employés, soit 23 %, contre 6 % en moyenne à l'Assemblée (et 45 % dans la population active française)[4]. Représenter le peuple, plaide LFI, c'est lui ressembler. Ce qui en dit long sur l'image que l'on s'en fait...

L'idée même fait sursauter Bernard Cazeneuve, référence en matière d'élégance avec ses costumes à pochette, qui eut le privilège d'être désigné en 2016 « homme le mieux habillé de France » par le

---
4. Note de l'Institut des politiques publiques, « La fin du renouvellement ? Portrait social et politique des députés de la XVIe législature », publiée en février 2023.

magazine *GQ*. Du snobisme ? En aucune façon. « Pour moi, c'est une marque de respect du peuple. Pour le dire autrement, c'est une forme de mépris absolu du peuple que de considérer qu'on ne le représente bien qu'en étant débrayé. Ça veut dire que l'idée que l'on se fait de lui est tellement dégradée qu'on peut se permettre de le représenter en négligeant son apparence. L'idée que je me fais du peuple, c'est qu'il a une très haute idée de ses représentants et qu'il attend d'eux qu'ils soient absolument impeccables. On me raille sur mes costumes, mais je pense que quand on représente, on respecte. C'est une politesse absolue, une manière de dire à ceux qui m'ont fait confiance mon respect total. »

Et ça n'est nullement une question de génération. Le député LR du Lot Aurélien Pradié, trentenaire, est l'une des « grandes gueules » de l'Assemblée. Cette forte tête met pourtant un point d'honneur à soigner sa mise. « Plus les électeurs que l'on représente sont modestes, plus nous devons les représenter dignement. Le vêtement que l'on porte est souvent une marque de respect pour soi-même, mais surtout pour les autres[5] », énonce-t-il, accusant les députés LFI d'avoir, par leur

---

5. Dans son livre *Tenir bon*, Paris, Bouquins, 2023.

La révolte des « sans-cravates »

désinvolture, « abîmé la fonction politique et donc la politique elle-même ».

Avec son franc-parler, le député Renaissance Karl Olive s'offusque : « Quand vous autorisez des députés à venir en jeans et en tennis, limite troués, il ne faut pas se demander pourquoi c'est le bordel dans les écoles : parce que c'est le bordel chez les élus ! C'est une caisse de résonance. Si un huissier de l'Assemblée a une tache sur son mocassin, il va rentrer au vestiaire et se refaire les pompes. S'il croise un député comme on en voit, je ne sais même pas s'il lui file une pièce ! Quelle image renvoie-t-on ? J'avais adressé une lettre à Yaël Braun-Pivet pour lui dire : "L'Assemblée, ce n'est pas *Intervilles* pour les vaches !" Pour LFI, c'est une salle de meeting. »

Autrement dit par le politologue des droites Patrick Buisson, avant sa disparition : « Les Français assistent à ce spectacle qui repose sur un malentendu fondamental : ils veulent être représentés par des gens respectables et dignes. La gauche du Front populaire a porté au pouvoir Léon Blum qui était un bourgeois, vêtu comme tel. Il ne serait pas venu à l'idée d'un député de gauche de ne pas porter de cravate. C'est un changement de culture qui traduit la dépréciation du politique. Ça a toujours existé à l'Assemblée, mais pas à ce point. L'effondrement

Les Naufrageurs

du niveau de la classe politique est l'une des causes fondamentales du discrédit de la politique. Et c'est un phénomène récent. »

Cette stratégie de la conflictualité tous azimuts va précipiter les Insoumis au ban de la République, accélérant la mort de l'alliance électoraliste de la Nupes. Après les massacres perpétrés le 7 octobre 2023 par le Hamas en Israël, LFI s'enferre dans le déshonneur, refusant *mordicus* de reconnaître dans ces attaques le premier pogrom depuis la Seconde Guerre mondiale. Mathilde Panot s'obstine sur le coup à ne pas parler de crimes « terroristes » et évoque une offensive menée par « des forces armées palestiniennes », comme s'il s'agissait d'une armée régulière. Danièle Obono acquiesce lorsqu'on lui demande si le Hamas est un mouvement de résistance. Et Jean-Luc Mélenchon souffle sur les braises des manifestations propalestiniennes où l'on crie « *Allahou Akbar* » sur la place de la République, à deux pas du Bataclan, et s'en prend à Yaël Braun-Pivet, de confession juive, en l'accusant d'aller « camper » en Israël. Malgré l'évidence d'un Oradour-sur-Glane israélien, une partie de la gauche sombre dans l'opprobre. « Ils touchent le fond. C'est totalement électoraliste. Cyniquement, ils ont décidé de toucher les électeurs de confession musulmane », griffe-t-on alors à Matignon. Seules quelques figures sauvent l'honneur : François Ruffin se désolidarise, soutenu par Alexis Corbière.

Aux commandes du Parti socialiste, qui tenait l'occasion de rompre enfin le pacte faustien noué avec Jean-Luc Mélenchon et de briser l'emprise toxique, Olivier Faure se contente d'un obscur « moratoire », quand les valeurs morales auraient dû conduire à refuser l'ignominie.

Basse politique ? À gauche, la hantise d'une dissolution justifie toutes les petites lâchetés. Soudée, la Nupes aurait arithmétiquement plus de chances de surnager en cas de législatives anticipées. « Même Guy Mollet n'avait pas osé faire ça ! Ils réagissent comme les plus magouillards, les plus ringards, les politicards les plus vieillots, s'étrangle une haute figure socialiste, qui demande l'anonymat. Olivier Faure conclut une alliance qui est un fiasco. Il divise sa famille politique, dont la moitié est partie. Il invente un moratoire moralement inacceptable, alors qu'il aurait dû rompre avec la Nupes. Et il y a encore des connards de journalistes pour écrire qu'il est présidentiable ? »

Au sein de LFI, c'est le coup d'envoi des purges mélenchonistes. On lave son linge sale en public. Pour avoir courageusement déclaré que le chef n'avait « fait que nuire », la frondeuse Raquel

Les Naufrageurs

Garrido est placée en quarantaine, bientôt rejointe par Clémentine Autain. Devenu infréquentable à force d'outrances, le chef des Insoumis se fait le meilleur allié de Marine Le Pen dans sa marche vers le pouvoir. Plus LFI se diabolise, plus le RN se normalise.

Nicolas et Pimprenelle

Longtemps surnommés « les frères Volfoni[6] » au Sénat, le centriste Hervé Marseille et le sarkozyste Pierre Charon, élus de la vieille école dont on a cassé le moule, feraient un tabac dans un numéro de duettistes. « Ce n'est plus la politique pour les nuls, c'est la politique par les nuls ! » pique le premier. « Le QI des Français a baissé, celui des élus aussi », rebondit le second.

La plaisanterie en dit long sur le tsunami qui s'est abattu sur la classe politique, passé inaperçu parce qu'occulté par la vague dégagiste macroniste. Il a pourtant dévasté le paysage politique tel qu'il existait depuis un quart de siècle, faisant tomber les têtes les unes après les autres. « Il y a eu en France une révolution de velours que personne

---

6. En référence aux tueurs à gages du film comique mythique de Georges Lautner *Les Tontons flingueurs*.

La révolte des « sans-cravates »

n'a vue en 2016-2017, analyse un ancien conseiller de l'hôtel Matignon. En l'espace de six mois, toute la génération politique née des années 1990 a été mise au tapis. La primaire de la droite flingue Alain Juppé et Nicolas Sarkozy, puis les affaires flinguent François Fillon. À gauche, François Hollande ne peut pas se représenter et Manuel Valls est dégagé à la primaire de la gauche par Benoît Hamon. Cette révolution de velours, Emmanuel Macron en profite, tout vient de là, et il n'a pas contribué depuis à recréer un personnel politique. Le haut encadrement politique n'a pas été remplacé. »

Le chef de l'État n'a pas préparé la relève, par manque de temps ou par pure volonté, comme il l'avait proclamé un soir de février 2020 devant ses députés : « Soyez fiers d'être des amateurs. »

« Une génération politique, ça se forme. Fillon, Sarkozy, Juppé et Hollande appartenaient à la génération qui a succédé à l'effondrement des "rénovateurs" à droite[7] et au mitterrandisme à gauche. On dit souvent que la politique est un métier. Non, c'est une lente pratique », enchaîne notre ancien conseiller de Matignon.

---
7. En 1989, 12 jeunes députés ambitieux (6 UDF et 6 RPR) défient leurs aînés, dont Michel Barnier, Dominique Baudis, Alain Carignon, Charles Millon, Philippe Séguin ou Philippe de Villiers.

Les Naufrageurs

De là les soucis de banc de touche du président pour constituer ses gouvernements. Les ressources humaines, cette plaie du macronisme qui étire indéfiniment les remaniements, faute de combattants. « Dans le champ politique de l'ère Macron, le citoyen lambda est incapable de nommer plus de trois ou quatre personnes, hors de Gérald Darmanin, Bruno Le Maire et Gabriel Attal. Sous François Hollande, les choses étaient à peu près tenues avec quelques personnalités fortes. Là, on a le premier gouvernement de fantômes », se catastrophe un ex-conseiller élyséen. « On se retrouve avec Nicolas et Pimprenelle au gouvernement, tacle un autre ancien du Palais. Il faut de grands élus capables de s'opposer et de démissionner s'ils ne sont pas d'accord. Gérard Collomb a été le seul ! » Un pilier du gouvernement Castex confesse n'avoir jamais mémorisé le nom de ses 41 collègues et rapporte cette pique de Donald Trump à Emmanuel Macron : « Pourquoi tu te fais chier à avoir 30 ministres ? Moi, j'en ai 15. »

Quel contraste avec la *dream team* d'un Édouard Balladur, qui avait constitué en 1993 l'un des gouvernements les plus prestigieux depuis 1958. Qu'on y songe : Simone Veil, Michèle Alliot-Marie, Charles Pasqua, Nicolas Sarkozy, Alain Juppé, François

La révolte des « sans-cravates »

Fillon, François Bayrou, Gérard Longuet, François Léotard, Alain Madelin, etc. L'ancien Premier ministre a une conception très arrêtée de ce qu'il appelle la « bonne gouvernance », sur laquelle il a été convié à disserter en janvier 2023 devant l'Académie des sciences morales et politiques.

« Il ne faut pas redouter d'avoir des hommes et des femmes de grande valeur dans son gouvernement. C'est le propre des faibles de vouloir être entourés par des gens médiocres pour être sûrs de pouvoir les dominer, dévoile-t-il lorsqu'il nous reçoit à la mairie du XVe arrondissement de Paris. J'avais un gouvernement avec Simone Veil, qui n'était pas toujours commode mais pour laquelle j'avais beaucoup d'estime, Charles Pasqua, qui n'était pas toujours facile non plus, et Alain Juppé, François Léotard, Dominique Perben, Nicolas Sarkozy, Michel Barnier. Je n'ai jamais eu peur de ne pas avoir d'autorité sur eux – l'idée ne m'effleurait même pas – et mon gouvernement a bien marché. » Où sont passés les monstres sacrés ? s'enquiert-on. L'ancien chef du gouvernement esquisse un grand sourire : « En ce qui me concerne, je suis parti à la retraite, et d'autres ont franchi les limites de la vie. »

Les Naufrageurs

De là une défiance qui va croissant envers les élites politiques. « La fonction politique est totalement dévaluée. Le député, aujourd'hui, est entre la prostituée et le dealer[8] », tranche l'ancien ministre sarkozyste Thierry Mariani, qui a rejoint le Rassemblement national.

De là aussi, une crise des vocations. « On est payés le salaire d'un cadre moyen pour être emmerdés du matin au soir, jetés en pâture sur les réseaux sociaux. Si c'était à refaire, je n'y retournerais certainement pas ! confesse un parlementaire qui songe à raccrocher les crampons. On n'a pas de week-ends, pas de repos, on est toujours sur la brèche. La plus grande révolution en politique, c'est le téléphone portable : on n'a plus de vacances parce qu'on doit réagir immédiatement à la moindre polémique ! Le niveau politique a largement baissé car plus personne ne veut faire ce job. »

La tentation est forte, dès lors, de cultiver la nostalgie des heures glorieuses des grands fauves. « Il me semble qu'il n'y a plus de grands personnages politiques. On pouvait être contre François Mitterrand, mais il dominait la gauche et la droite se déterminait par rapport à lui. On pouvait ne pas aimer Valéry Giscard d'Estaing ou Jacques Chirac,

---

8. Entretien avec l'auteure, 29 septembre 2023.

La révolte des « sans-cravates »

mais ils dominaient la droite. Aujourd'hui, on n'a plus que des petits ducs de province qui se chipotent les uns les autres, qui n'existent plus, ne proposent rien », regrette Jean-Louis Debré, qui s'entend souvent dire à la sortie de ses représentations théâtrales en province : « Ah, de votre temps ! Vous avez bien fait de quitter la politique. »

« Ne cédons pas au pessimisme et au déclinisme sur l'état de la classe politique, nuance un influent député Renaissance. Il y avait une palanquée de médiocres et de gens malhonnêtes, y compris parmi les plus célèbres. Les mêmes aujourd'hui seraient cloués au pilori, de Gaulle compris, qui nageait dans un cynisme politique invraisemblable pour la bonne cause. Sur la décolonisation, il a quand même empapaouté tout le monde ! N'embellissons pas le passé. »

Ce *spleen* a irradié jusque dans les rangs des députés En Marche qui se sont laissé séduire par la promesse du grand chambardement. Combien, depuis, ont jeté l'éponge ? En 2017, Emmanuel Macron investit 525 candidats aux élections législatives, pour beaucoup des nouveaux visages recrutés en ligne sur CV. Un rafraîchissement en trompe-l'œil, à bien y regarder, car des dizaines, sans avoir été élus, ont déjà gravité dans la sphère politique.

Les Naufrageurs

Parmi ces « clones », comme les surnomment leurs opposants, une trentaine ont déjà tenté leur chance sans succès à des scrutins, une vingtaine ont été des cadres importants de partis politiques, une quinzaine, conseillers dans des cabinets ministériels – dont Gabriel Attal, alors inconnu au bataillon, qui travaillait comme « plume » aux côtés de la ministre des Affaires sociales et de la Santé, Marisol Touraine, sous le quinquennat Hollande – et une trentaine, assistants parlementaires ou collaborateurs d'élus locaux. Soit un pourcentage de « réels novices de 34 % », selon les calculs du *Monde*[9]. Un renouvellement sociologique qui concerne d'autres partis, comme le RN : ainsi Jordan Bardella a-t-il commencé en 2015 comme éphémère assistant parlementaire au Parlement européen.

Dans cet écosystème brutal qu'est la politique, les « bleus » déchantent vite, tandis que leurs collègues plus aguerris s'imposent rapidement. Après les législatives de 2022, nombre de Marcheurs ont retrouvé la vie civile, gagnés par le blues, la lassitude, passés dans la lessiveuse médiatique ou, plus prosaïquement, désireux de retrouver le privé et ses confortables émoluments : Mounir Mahjoubi,

---

9. Article du *Monde* du 7 juin 2017, « Législatives 2017 : un tiers des candidats de La République en Marche sont des novices en politique ».

La révolte des « sans-cravates »

Pierre Person, Pacôme Rupin, Coralie Dubost, Hugues Renson, Jean-Baptiste Djebbari pour ne citer que les plus connus, dont certains furent ministres. *Exit* le « nouveau monde » qui devait révolutionner les mœurs et moderniser les pratiques, c'est le grand retour des professionnels de la politique.

« On n'avait que les mots "bienveillance" et "tolérance" à la bouche. On nous a traités de naïfs, d'angéliques. Dans notre écrasante majorité, nous, les vrais de la société civile qui découvrions la politique, on y croyait sincèrement, mais la nature humaine a été beaucoup plus forte. L'esprit de concurrence inhérent à la vie politique a fait que, même au sein de notre famille politique, tous les coups étaient permis. Beaucoup d'entre nous n'ont pas voulu ou pas pu adopter les règles de la faune. Si vous ne voulez pas faire une carrière politique au long cours, si vous ne pensez pas comme Gabriel Attal que vous allez finir président de la République, qu'est-ce que vous foutez là ? » confesse un député Renaissance, qui s'est présenté une nouvelle fois sans conviction et observe, depuis, le chaudron de l'Assemblée avec une immense circonspection. « Il faudrait que chacun de nous passe une demi-journée par mois dans les tribunes de l'hémicycle. On se dirait : "C'est moi, ça ? Mais qu'est-ce que je fais

Les Naufrageurs

là ?" C'est un jeu, un théâtre, artificiel, avec une productivité lamentable. Des fois, quand je rentre le soir après une séance de nuit, je me dis : "C'était totalement inintéressant..." »

7

Passeport pour les emmerdes

La République s'est longtemps montrée brave fille avec ses élus, fermant les yeux sur leurs petits accommodements, au premier rang desquels les fantasmatiques fonds spéciaux, plus connus dans le jargon sous le nom de code pudique « Chapitre 37-91 ». Pilotés de façon discrétionnaire par les services du Premier ministre, jusqu'à leur réforme en 2001 par Lionel Jospin, ils servaient pêle-mêle à financer des rançons d'otages, des opérations spéciales des services à l'étranger ou des primes en liquide pour les membres des cabinets ministériels afin de s'affranchir des grilles indiciaires de la fonction publique. Le tout, sous le parapluie confortable du secret-défense.

« Avant, quand vous quittiez Matignon, il y avait les fonds secrets. Les Premiers ministres, en quittant leurs fonctions, vidaient parfois le coffre-fort dans de

Les Naufrageurs

grands sacs de sport et prenaient 10 ou 20 millions de francs, témoigne un ancien haut conseiller de Matignon. Quand le général de Gaulle est parti pour Londres le 17 juin 1940, le président du Conseil Paul Reynaud lui a fait remettre 100 000 francs en fonds secrets. C'est à cause de Jacques Chirac qu'il n'y en a plus, depuis la polémique sur ses voyages personnels payés sur ces mêmes fonds. Il y avait des excès, c'est vrai, mais c'était une carotte. La politique s'est paupérisée depuis, on a cassé le métier ! »

Nul ne regrettera pourtant cette époque faite d'opacité. On mesure l'ampleur du tour de vis opéré, au nom de l'éthique et du rétablissement de la confiance avec les citoyens, depuis ces excès passés qui seraient jugés de nos jours proprement insupportables. Pour lutter contre le sentiment délétère du « tous pourris » et l'image de politiques prompts à « taper dans la caisse », premiers vecteurs d'abstention, les responsables publics n'ont eu de cesse de relever le niveau des pare-feu. Dans le sillage de l'affaire Jérôme Cahuzac, ministre chargé de traquer les exilés fiscaux, qui dissimulait lui-même des comptes en Suisse et à Singapour et mentait aux Français « les yeux dans les yeux », le parquet national financier et la sourcilleuse Haute Autorité pour la transparence de la vie publique voient le jour en 2013, afin de mieux contrôler le train de vie des représentants de la nation. Suspectés d'être surpayés et favorisés par rapport au commun des mortels, les élus consentent aussi à mettre fin, en 2014, au cumul des mandats qui leur permettait d'être parlementaires en dirigeant un exécutif local. Le « Penelope gate », qui dynamite la campagne présidentielle de François Fillon en 2017, hisse encore le seuil d'exigence.

Au risque d'une dérive janséniste qui nourrit le ventre toujours affamé du populisme. La cause a beau être noble – l'indispensable moralisation de la vie publique –, elle n'en est pas moins criblée d'effets pervers qu'osent désormais pointer des responsables réputés irréprochables. Si on assiste à une crise des vocations chez les élus et à un affaissement du niveau politique, c'est aussi parce que le « job » est devenu moins attractif, pour ne pas dire repoussoir, entre émoluments rognés, climat de suspicion, menaces et difficultés de reconversion. Si l'on n'y prend garde, on ne trouvera bientôt plus dans la sphère publique que des narcissiques attirés par la gloire, des rentiers peu préoccupés de la suite de leur carrière ou des moines-soldats prêts à tout sacrifier au nom du bien commun.

Les Naufrageurs

Viande hachée

« Premier ministre, ça ne se refuse pas ! » prétendait l'adage. Pourtant, si. Jamais l'on n'avait vu des personnalités décliner l'offre qui leur était faite de piloter Matignon, comme Véronique Bédague, ancienne directrice du cabinet de Manuel Valls, ou la socialiste Valérie Rabault, au printemps 2022. Du moins l'information n'avait-elle jamais fuité dans le domaine public. C'est dire si la mission a perdu de sa superbe.
 « J'ai connu une époque où les gens attendaient derrière leur téléphone. C'était : "On ne m'a pas appelé, mon téléphone ne devait pas être branché." Ça a fourni une source éternelle d'inspiration aux comédies de boulevard ! Là, plusieurs personnes pressenties ont dit : "Merci beaucoup, mais non." C'est énorme ! Les raisons sont multiples. C'est : "Je ne veux pas divorcer et aller en prison ; j'ai un peu d'argent et je veux que ça dure ; je ne veux pas travailler 28 heures sur 24." Il y a un malaise au sommet, et pour des postes moins prestigieux que cela », constate, stupéfait, un ancien ministre de premier plan.
 Pour d'autres, la politique n'est plus qu'un tremplin vers d'autres ambitions, une mention honorifique sur le réseau social LinkedIn afin de se faire

Passeport pour les emmerdes

rapidement un nom. La politique comme marchepied, un petit tour et puis s'en va, au risque d'alimenter le procès en insincérité fait aux élus. « Au sein des cabinets ministériels et même à l'Élysée, nombreux sont les gens qui se contentent de faire deux années avant de rejoindre le privé. La politique est utilisée comme une ligne ajoutée sur un CV. Quand j'étais ministre, l'idée ne serait venue à personne de quitter l'aventure en plein milieu ! C'est la culture "j'arrive, je me sers, je me casse" », égratigne Najat Vallaud-Belkacem[1], ancienne ministre de l'Éducation nationale, devenue sans regret directrice générale de l'ONG One et présidente de l'association France terre d'asile. « On est dans le showbiz. Comme la politique ne paie pas, certains veulent se payer en notoriété. Ils cherchent la lumière », se lamente un homme de l'ombre du MoDem.

Autre signal préoccupant, les jeunes générations se détournent massivement de l'engagement politique, autrefois considéré comme une voie royale. À Sciences Po Paris, on ne recense plus qu'un étudiant sur dix environ émargeant dans un parti politique, quand ils étaient trois à quatre il y a encore vingt-cinq ans. Aux jeunes talents qui frappent à la

---

1. Entretien avec l'auteur, 5 décembre 2023.

Les Naufrageurs

porte de son bureau et hésitent entre l'humanitaire, la défense de l'environnement et la haute fonction publique, Laurent Fabius livre cette recommandation : « Ne dépendez pas de la politique, ayez d'abord un métier. Après, si vous voulez faire de la politique, vous en ferez. » Lui-même se demande franchement ce qu'il ferait s'il avait 20 ans.

Pour ceux que la chose publique attire encore, c'est à la condition de gravir prestement les échelons. « Le nombre de jeunes qui viennent me voir pour me dire : "Je voudrais faire de la politique avec vous." Bien sûr, c'est plus facile, je suis vieux, je ne serai plus là bientôt ! Ils ne peuvent pas aller voir dans des communes communistes, un peu ? Non, ça ne leur vient pas à l'idée. Ils préfèrent manger de la viande hachée, c'est tragique... » rouspète André Santini, 83 printemps, inamovible maire d'Issy-les-Moulineaux, au sud de Paris, qui se surnomme lui-même « Toutânkhamon[2] ».

« Macron a tout déstructuré. Quand il a dit : "Le *cursus honorum*, très peu pour moi", ça a été entendu. Au-delà du mépris pour ceux qui inscrivent leur engagement dans le temps long, le sacerdoce et sur le terrain, c'était une ode à la déconnexion, une drôle de conception de la politique exclusivement vue comme

---

2. Entretien téléphonique avec l'auteure, 4 octobre 2023.

un "pouvoir" et non "au service de", relève Najat Vallaud-Belkacem. En 2012, il faut rendre grâce à François Hollande d'avoir su faire monter des jeunes pousses. »

Pourquoi une telle désaffection ? Entre autres causes, la quasi-totalité des responsables politiques invoquent une « dictature de la transparence », ciblant l'implacable HATVP. Nul ne songerait à revenir en arrière, mais d'aucuns s'interrogent : dans un pays parfois mû par le démon de l'envie et de la convoitise, fallait-il aller jusqu'à autoriser la publicité des revenus et du patrimoine de certains dignitaires, au risque du voyeurisme ? La fortune des parlementaires peut être consultée en préfecture par tout citoyen, qui n'a pas le droit d'en faire publiquement état. Quant au bas de laine des ministres, sitôt les contrôles effectués, il se retrouve en place publique sur le site internet de la HATVP et donne lieu, à chaque remaniement, à de savoureuses recensions dans la presse. Ainsi le quotidien *L'Humanité*[3] a-t-il récemment comptabilisé le nombre de millionnaires au sein de l'équipe de Gabriel Attal. Verdict : 17 ministres sur 34 avec, sur le podium, Franck Riester (10 millions d'eu-

---

3. « Ces millionnaires qui nous gouvernent », *L'Humanité*, 12 février 2024.

Les Naufrageurs

ros), Amélie Oudéa-Castéra (7 millions) et Éric Dupond-Moretti (5 millions), et une mention spéciale pour la coquette assurance vie à 1,5 million d'euros du Premier ministre. Combien de personnalités, approchées pour entrer au gouvernement, ont décliné parce qu'elles sont fortunées, de peur de cette impudique mise à nu, privant *de facto* l'État de leurs compétences ?

S'agissant des déclarations dites d'intérêts des élus, qui comportent leurs revenus détaillés, ceux de leur conjoint compris, elles sont toutes librement accessibles en ligne. Depuis la loi sur la transparence de la vie publique d'octobre 2013, les parlementaires, élus locaux, conseillers des présidents de l'Assemblée nationale, du Sénat, de l'Élysée, du gouvernement et hauts fonctionnaires sont tenus de soumettre à l'autorité administrative indépendante, dans les deux mois, la liste exhaustive et sincère de leur patrimoine (revenus immobiliers et mobiliers, comptes bancaires et assurances vie, véhicules et intérêts des cinq années passées), sous peine de trois ans d'emprisonnement, 45 000 euros d'amende et dix ans d'inéligibilité dans les cas les plus graves. Et ce, aux fins d'éviter tout enrichissement personnel et conflit d'intérêts présents ou à venir.

Nécessaire, certes, mais perfectible. Restaure-t-on la confiance des citoyens en ouvrant à ce point le portefeuille des ministres ? « Je pense que des éléments qui ont été introduits dans cette loi ont des effets pervers et aboutissent à l'exact contraire de l'objectif qu'on prétendait atteindre, consent un acteur de l'époque, qui a pourtant vécu aux premières loges l'affaire Cahuzac. L'objectif était de garantir des principes éthiques, mais c'était ignorer que nous sommes dans une société de l'envie ! Cette transparence permet à des millions de citoyens frustrés de considérer que ceux qui ont de l'argent et du patrimoine ne méritent pas d'être élus. Dans une société de l'envie, on pense que celui qui occupe une responsabilité publique se doit d'être pauvre. »

« On est toujours dans la présomption de culpabilité. C'est vrai que certains s'en sont mis plein les fouilles, on pâtit de ça, mais est-ce qu'il fallait aller aussi loin ? » s'interroge Karl Olive (Renaissance), qui a découvert qu'un député est tenu de faire une déclaration au déontologue de l'Assemblée lorsqu'il est invité sur un déplacement officiel du président de la République, au motif qu'il s'agit d'un avantage en nature. « Les députés qui sont partis en Israël avec le président pour aller sur les lieux du massacre du Hamas, c'était un avantage en nature ? À force de laver plus blanc, disait Coluche, on devient transparent. »

Les Naufrageurs

« Ce n'est plus une Haute Autorité, ce sont des procureurs, une inquisition ! Ils nous font chier ! » râle un haut responsable parlementaire. « Ceux qui pensent qu'on peut nourrir en permanence le ventre de la démagogie pour réconcilier les Français avec la politique se trompent. Les gens considéreront toujours qu'on fait ça, pour reprendre la formule consacrée, parce que la place est bonne. Les règles qui ont été instaurées étaient nécessaires, mais on sera toujours regardés comme une aristocratie privilégiée. En vérité, on ne l'est absolument pas ! On est soumis à un niveau de transparence et d'inquisition démentiel », s'agace le président de la région Normandie, Hervé Morin.

« Vous devenez fou si vous n'avez pas un comptable ou un avocat, achève un maire de la région francilienne. Bientôt, on va venir en robe de bure... »

Pognon de dingue

Et que dire de la rémunération des élus ? La question est taboue, tant elle charrie de chimères. Grassement payés dans l'imaginaire populaire, nos parlementaires peuvent regarder avec jalousie leurs homologues du Capitole. Quand un député fran-

Passeport pour les emmerdes

çais émarge à 7 367 euros bruts par mois[4], un membre du Congrès américain en gagne presque le double (174 000 dollars par an, soit près de 13 500 euros par mois). Combien percevraient-ils, à compétences égales, dans le privé ? Début 2024, nos parlementaires se sont attiré d'acerbes critiques pour avoir osé relever en catimini leur enveloppe de frais de mandat de 300 euros pour les députés (à 5 950 euros par mois) et 700 euros pour les sénateurs (à 6 600 euros par mois), pour cause de poussée inflationniste. Il ne s'agit pourtant pas d'une augmentation de salaire, mais de notes de frais couvrant les locations de permanence, transports ou frais de téléphonie. Héritage de la loi Macron sur la confiance dans la vie politique votée dans la foulée de l'affaire Fillon, cette avance de frais de mandat (AFM) s'est substituée en 2018 à l'indemnité représentative de frais de mandat (IRFM) qui, autrement plus opaque, n'était pas surveillée. Désormais, les élus sont tenus de conserver leurs justificatifs de dépenses, contrôlés de façon aléatoire par un déontologue, et de reverser le reliquat en fin de mandat. Comment, face au soupçon généralisé, convaincre des cadres supérieurs et chefs d'entreprise de

---

4. Une enveloppe de 11 118 euros par mois leur est aussi allouée pour rémunérer leurs collaborateurs.

Les Naufrageurs

quitter de confortables situations pour s'engager dans la vie de la cité ?

Il faut reconnaître à Emmanuel Macron le mérite d'avoir renoncé à une vie de cocagne d'associé-gérant de la banque Rothschild pour se lancer dans une aventure incertaine, qui se solde *in fine* par une enveloppe de 15 203 euros bruts par mois. Le salaire du président de la République, dirigeant le moins bien loti du club des pays du G7. Pas exactement un « pognon de dingue ». Cela représente 8 500 euros après prélèvement à la source, a précisé un jour le chef de l'État qui a, par ailleurs, renoncé par anticipation à la pension de retraite de 6 200 euros bruts que touchent les anciens présidents, et à siéger au Conseil constitutionnel, tirant un trait sur 13 500 euros bruts par mois. Si l'Élysée n'est pas franchement frappé par la crise des vocations, il faut bien admettre que cela fait peu pour une charge où l'on ne compte ni ses ennuis, ni ses heures.

« Tous les matins, quand je me lève, je me prends un seau de purin sur la tête », ressassait en son temps Nicolas Sarkozy. « Quand j'étais Premier ministre, je recevais chaque mois un bulletin de salaire et je me faisais toujours la même remarque : "Pour ce prix, si je fais des bêtises, ça coûtera quand même beaucoup plus cher au pays" », se souvient un ancien chef de gouvernement. Moralité,

Passeport pour les emmerdes

selon un conseiller qui a roulé sa bosse dans les années 1990 : « Plus personne ne veut faire de politique ! Georges Pompidou ne quitterait jamais la banque Rothschild aujourd'hui. Les bons sont dans le business. En politique, vous perdez votre famille, votre réputation, et vous avez une chance sur vingt d'y arriver. Tout ça pour un peuple ingrat qui vous vire à la première occasion. Il vaut mieux rester chez soi, faire du fric, profiter de ses enfants et de sa maîtresse. Quel est l'intérêt, à part de remplir son *ego* ? »

Encore les parlementaires ne sont-ils pas à plaindre, tant s'en faut. Puissants barons locaux, aux commandes d'administrations représentant plusieurs millions de Français, les présidents des 13 super-régions, regroupées sous le quinquennat de François Hollande, comptent parmi les parents pauvres de la République. Alors qu'ils brassent des budgets à plusieurs milliards, ils perçoivent un salaire légèrement inférieur à celui du maire d'une commune de plus de 100 000 habitants, environ 5 640 euros bruts par mois. Après prélèvement fiscal, Hervé Morin (Normandie, 3,3 millions d'habitants) touche 4 400 euros. « Je pilote 6 000 salariés, je bosse autant que quand j'étais ministre, je gère plus de 2 milliards d'euros de budget. Vous imagi-

Les Naufrageurs

nez la rémunération d'un patron du privé avec 2 milliards de chiffre d'affaires et 6 000 salariés ? On me dit : "Oui, mais vous avez des avantages." Lesquels ? J'ai un chauffeur. Heureusement, parce que je fais des milliers de kilomètres par mois, c'est un instrument de travail. Les cadres du secteur privé ou les professions libérales qui gagnent 80 000 ou 100 000 euros par an, vous n'en trouvez plus en politique ! Quand j'étais jeune, je me suis battu pour devenir conseiller départemental du canton de Cormeilles dans l'Eure – 4 300 habitants – et c'était la guerre. Maintenant, on cherche des candidats un mois avant les élections parce qu'on n'en a pas... »

Christelle Morançais, présidente des Pays de la Loire, qui a quitté le secteur de l'immobilier pour se lancer en politique, émarge pour sa part à 4 800 euros après impôts pour un budget de 2 milliards d'euros, 4 000 agents et un bassin de population de 4 millions d'habitants.

« On s'est arrangés pour émasculer les élus ! tempête André Santini, un demi-siècle de vie politique au compteur. Et après, on nous dit : "Pourquoi vous n'êtes pas compétents ? Pourquoi vous ne servez à rien ?" Parce qu'on nous a coupé les ailes et autre chose, c'est tout ! »

Passeport pour les emmerdes

Députés « TikTok »

La réforme est si impopulaire que les députés du parti Horizons ont bien du mérite de la porter. Pour les fidèles d'Édouard Philippe, il est temps de revenir sur la loi interdisant le cumul des mandats, tant elle a eu d'effets secondaires désastreux. Au premier rang desquels la déconnexion.

Aux prémices du mandat de François Hollande en 2012, on comptait 250 maires parmi les 577 députés. Plus aucun en 2017, les parlementaires ayant désormais interdiction de diriger un exécutif local. Faute d'avoir les pieds dans la glaise, faute d'ancrage sur le terrain, nos élus sont devenus, pour certains, hors-sol. Des députés « TikTok », comme on les surnomme parfois, qui s'activent pour les réseaux sociaux et caméras des chaînes info plus que pour leurs administrés. Combien d'électeurs connaissent encore le nom de leur représentant à l'Assemblée ? « On nous a dit : "Vous allez voir ce que vous allez voir avec le Nouveau Monde." Eh bien on a vu, on a eu les Gilets jaunes ! L'idée de base, qui était de donner plus d'éthique et un renouveau pour rapprocher le citoyen de l'élu, a conduit à l'exact inverse », tonne le député Karl Olive, ancien maire Divers droite de Poissy (Yvelines), bien seul au sein de

Les Naufrageurs

Renaissance à assumer de vouloir revenir intégralement sur la loi de 2014.

Aussi la proposition des « philippistes » préconise-t-elle une première étape en permettant, pour commencer, à un député ou sénateur de redevenir numéro deux d'une mairie, d'un conseil régional ou départemental. L'ancien Premier ministre parle d'expérience : maire du Havre avant son passage à Matignon, il l'est redevenu à son départ. Il est, surtout, le premier chef du gouvernement à avoir expérimenté une Assemblée de non-cumulards. Pas toujours pour le meilleur. Il s'en est ouvert devant les chefs de parti réunis à la fin de l'été 2023 pour les « rencontres de Saint-Denis » : « On dit souvent que le problème de la Ve République vient de la trop grande force du pouvoir exécutif. Ceux qui disent cela se trompent, me semble-t-il. Au fur et à mesure des réformes, on a affaibli le pouvoir exécutif, jusqu'à ne plus pouvoir faire les changements majeurs dont nous aurions besoin. Le quinquennat, pour faire moderne, puis limité à deux, pour faire américain ; le non-cumul des mandats ; la Haute Autorité pour la transparence de la vie publique, qui entrave la venue au gouvernement ou dans les cabinets ministériels de gens qui ont l'expérience du privé[5]. »

---

[5]. Selon des propos rapportés par *Le Canard enchaîné*.

Passeport pour les emmerdes

Aux yeux de plusieurs responsables politiques, l'interdiction du cumul des mandats pourrait avoir pour effet collatéral majeur de rétablir une forme de suffrage censitaire. Puisque les élus sont limités dans les mandats qu'ils peuvent exercer et bardés de conflits d'intérêts lorsqu'ils quittent la vie publique, beaucoup renoncent à la vie politique, contraints et forcés, relégués sur le banc de touche. Qui, à l'avenir, alertent-ils, risque donc de truster ces éminentes fonctions ? Des rentiers, qui n'auront pas à se soucier de leur reconversion. « C'est un phénomène extraordinairement préoccupant, détaille un ancien ministre de haut rang. Par l'effet de la limitation du cumul des mandats, dès lors que vous êtes élu, vous devez vous placer dans la perspective de ne plus l'être et, par conséquent, de retrouver à un moment une situation dans le privé. Mais dès que vous êtes dans le privé, vous êtes suspect d'être en conflit d'intérêts. La HATVP vous demande de ne pas exercer de responsabilités dans des domaines dans lesquels vous avez une compétence parce que, sinon, vous risquez de vous retrouver en relation avec des acteurs que vous avez côtoyés lorsque vous exerciez une responsabilité publique. Dans ce cas, vous êtes pénalement répréhensible. Cela veut dire que vous ne pouvez retourner dans une activité privée qu'en étant suspecté et en étant contraint à des domaines dans lesquels vous n'avez aucune compétence ! Ça signifie que ne pourront exercer des responsabilités publiques demain que des gens qui n'ont pas de problème de reclassement professionnel, c'est-à-dire des rentiers. Les gens très riches pourront, comme on va au club, dans un entre-soi complet, exercer des responsabilités publiques parce que ce serait sans préjudice pour eux. C'est le rétablissement du suffrage censitaire, sans le dire. À partir du moment où ceux qui exercent une responsabilité publique sont suspectés, dans l'impossibilité de retrouver une activité professionnelle, soumis à la vindicte et au risque pénal pour simplement avoir voulu servir leur pays, il ne faut pas s'étonner qu'il y ait une crise des vocations ! »

Longtemps, la politique a été un sacerdoce, exigeant, frustrant pour les proches, mais au moins les élus avaient-ils le sentiment d'être utiles et d'œuvrer au bien commun. « Même le dimanche vous partez tôt, parfois en plein repas de famille. Il y a les réunions du club de foot, les médailles aux anciens combattants. Et les administrés ne veulent pas la copie, ils vous veulent vous, l'original. Vous faites double ration : vous bossez la journée, puis il y a

Passeport pour les emmerdes

les réunions politiques le soir et les manifestations le week-end. C'est un *full-time job*. On est pris dedans du matin au soir. Moi, j'appelle ça le toboggan », décrit le président de l'UDI Hervé Marseille, vieux briscard qui compte plus de quarante ans de vie politique dans les Hauts-de-Seine, dont dix-huit comme maire de Meudon. « Si vous ajoutez à ça la vulnérabilité pénale, plus personne n'a envie d'y aller », complète une figure de la droite.

Nombre d'élus ont ainsi été soufflés par la convocation d'Édouard Philippe devant la Cour de justice de la République pour « mise en danger de la vie d'autrui » et « abstention volontaire de combattre un sinistre » parce qu'il dirigeait le gouvernement durant la pandémie de Covid-19, avant d'échapper à une mise en examen. Un macroniste historique a un jour glissé à Emmanuel Macron, protégé pour l'heure par son immunité présidentielle, cette mise en garde : « Après Nicolas Sarkozy, le prochain dans le bureau des juges, ce sera toi. »

Bienvenue en enfer

Depuis la crise des Gilets jaunes, un ressort s'est encore brisé. Les principes mêmes de la délégation et de la représentation ont été mis en cause : dès qu'une tête émerge, elle est coupée dans un rejet de la figure d'autorité, quelle qu'elle soit, jusqu'à la violence aveugle. Nombre de maires renoncent désormais à leur écharpe tricolore parce qu'ils ont perdu le sens de leur mission, essuyé trop de brimades, trop de menaces physiques. Près de 1 300 depuis les élections municipales de juin 2020, selon une enquête diffusée à l'automne 2023[6], soit plus de 450 démissions par an, contre 350 dans la précédente mandature. Selon les données du ministère de l'Intérieur, les agressions visant les élus ont flambé de 32 % avec 2 265 plaintes et signalements déposés entre 2021 et 2022.

Plusieurs maires emblématiques sont devenus en quelques mois les visages de ces élus martyrs, trop souvent abandonnés à leur sort par un État défaillant : Yannick Morez, maire démissionnaire de Saint-Brévin-les-Pins (Loire-Atlantique), dont le domicile a été la cible d'un incendie criminel ; Marie-Hélène Thoraval, menacée de mort par décapitation et autres sévices dans sa commune de Romans-sur-Isère (Drôme), où le jeune Thomas (poignardé dans une fête à Crépol) était scolarisé ; Vincent Jeanbrun, maire de L'Haÿ-les-Roses (Val-de-Marne), dont le pavillon, qui hébergeait sa femme et ses deux jeunes

---

[6]. Selon la cinquième enquête de l'Observatoire de la démocratie de proximité commandée par l'Association des maires de France (AMF) et le Cevipof-Sciences Po, publiée en novembre 2023.

enfants, a été attaqué à la voiture-bélier chargée d'engins incendiaires, blessant son épouse, au cours des émeutes urbaines de l'été 2023. Il en a tiré un livre, *Les Deux France*[7], pour ne pas rester, comme l'a un jour qualifié avec mépris Jordan Bardella, « une victime de faits divers ». Il raconte des scènes de guerre qui l'ont contraint – une folie – à enfiler un casque lourd et un gilet pare-balles pour protéger sa mairie, hérissée de barbelés à la hâte. « Je ne suis qu'un élu... pas un soldat », souffle-t-il, hanté par ce conseil, qui se voulait bienveillant, livré en visioconférence par la préfète aux maires du département : « Laissez brûler, il y a des assurances pour ça. »

Au soir du 15 novembre 2023, Gérald Darmanin reçoit une centaine de maires, ruraux pour la plupart et de toutes obédiences, pour les « rencontres de Beauvau », à deux pas de l'Élysée. Le ministre de l'Intérieur, qui tapote sur son portable, lève soudain le nez tant le climat se tend dans la salle au fil des témoignages des participants, traumatisés. Sa collègue chargée des Collectivités locales, la joviale Dominique Faure, en perd le sourire. « Émotionnellement, c'était fort, se remémore Vincent Jeanbrun. Chaque maire qui a pris la parole a raconté une anecdote terrible, avec une émotion

---

7. Paris, Albin Michel, 2024.

dans la voix... De celui qui a été roué de coups jusqu'à avoir trois fractures parce qu'il essayait d'empêcher des gens du voyage de s'installer sur le seul terrain de sport de sa ville à cet autre qui, parce qu'un forcené parlait mal à son agent d'accueil, s'est fait étrangler jusqu'à l'évanouissement. Il lui tapait la tête... Je suis sorti de là en me disant : "Comment peut-on donner envie à des élus de s'engager ?" Tous les maires qui n'étaient pas loin de la retraite disaient : "Stop. Bonne chance aux prochains[8] !" »

Pas question, pour le porte-parole des Républicains, de tout plaquer. « Justement parce que c'est la crise, parce que les enjeux sont terrifiants – ce sera le sursaut ou le chaos –, ça a plus de sens que jamais. C'est ce que je dis à ma famille, qui me demande si je veux vraiment continuer. Tant que j'en ai l'énergie, oui ! Je ne pourrais pas partir siroter un verre à la plage, les doigts de pied en éventail, en me disant : "J'ai fait ma part, que les autres se débrouillent", car je sais la gravité de la situation. »

Souvent moqué par ses collègues pour sa proximité ostentatoire avec le chef de l'État et sa gouaille d'un autre temps, Karl Olive raconte avec une

---
8. Entretien avec l'auteure, 21 novembre 2023.

Passeport pour les emmerdes

impressionnante résignation les multiples agressions dont lui-même a été victime. En 2021, un déséquilibré, heureusement interpellé, l'attend un matin en peignoir dans sa voiture devant la mairie de Poissy pour l'égorger, après avoir rôdé devant son pavillon. L'année suivante, un homme s'introduit en pleine nuit dans la cour de son domicile pour le menacer, en présence de sa femme et de son jeune fils. Sur les réseaux sociaux, il est l'objet de photomontages montrant un corps emballé dans du plastique noir ou le confrontant à un homme armé d'un couteau, sans que justice s'ensuive toujours. Qu'est-ce qui le pousse à s'accrocher, lui qui gagnait presque trois fois mieux sa vie dans sa carrière passée ? « On n'a pas le choix quand on aime la France et qu'on veut qu'elle reste ce qu'elle est. Si on ne veut pas que les actions de nos grands anciens, ceux qui ont fait la France comme le général de Gaulle, disparaissent d'un coup de crayon, on ne peut pas se poser ce genre de questions. Un jour, je pense qu'un élu y passera car c'est toujours plus haut, plus fort dans la haine. Mais si c'était à refaire, je le referais exactement de la même manière parce qu'on s'engage pour les autres, on s'engage pour son pays. Pour toutes ces raisons, demain, j'y retournerai avec la même motivation. » Et ce, bien qu'il gagne « 8,50 euros de l'heure », en

Les Naufrageurs

travaillant « sept jours sur sept », avec le sentiment d'être « de plus en plus scruté ». La politique ? « C'est passeport pour les emmerdes ! » À ses élus, la patrie pas si reconnaissante.

8

La trahison du peuple

Qu'est-elle devenue, cette tour Eiffel miniature de 12 mètres et 4 tonnes, patiemment érigée à l'aide de dizaines de palettes de bois, à la sortie de l'autoroute A8, au Cannet-des-Maures (Var) ? Inaugurée en février 2019 au centième jour de la révolte des Gilets jaunes près d'un rond-point appartenant à l'entreprise Vinci, elle faisait la fierté de la petite centaine de protestataires qui tenaient à signifier aux pouvoirs publics qu'ils n'étaient pas des casseurs. Quelques mètres plus loin trônait une réplique de l'Arc de triomphe de 500 kilos, autre emblème de cette République qu'ils firent vaciller.

Des œuvres collectives et populaires, mémoire vive de ces jours de colère, rasées au petit matin par des engins de chantier du groupe autoroutier pour cause d'occupation illicite de terrain. Disparues,

Les Naufrageurs

comme les 20 000 cahiers de doléances, noircis de griefs dans les mairies par près de deux millions de Français durant les trois mois du grand débat national, qui croupissent désormais dans des cartons dans les archives départementales. Pure négligence ou amnésie volontaire ? Ces 465 000 pages ont, pour la plupart, été numérisées, mais seule une poignée de chercheurs est en droit de les consulter, contrairement à la promesse présidentielle d'en autoriser le libre accès à tout citoyen. Si bien qu'il ne reste presque rien, pour l'heure, de ce recueil des « douleurs[1] » inédit depuis la Révolution française de 1789. Une mine d'or pour qui voudrait prendre le pouls du pays, hélas abandonnée. Triste symbole si l'on se souvient que le référendum d'initiative citoyenne (RIC) constituait la revendication phare des manifestants en chasuble jaune pour rendre aux Français, précisément, la possibilité de se faire entendre.

« Les Gilets jaunes, ce sont les muets qui ont retrouvé la parole, les invisibles qui ont revêtu un gilet fluorescent et les plus résignés qui ont retrouvé une espérance. Ça a surgi de manière contradictoire, bordélique, mais on pouvait se saisir de ce moment de vérité, blâme l'Insoumis François

---

1. Le terme « doléances » vient du latin *dolere*, « souffrir ».

La trahison du peuple

Ruffin. Sur les ronds-points, il y a eu de belles choses, des œuvres réalisées avec des palettes, des tours Eiffel, des fresques. Non seulement il fallait vaincre ce grand mouvement populaire, mais il fallait en effacer toute trace... »

À quoi bon participer à la vie de la cité en allant voter lorsqu'on a le sentiment de n'être point écouté ? Pire, lorsque sa parole est niée, considérée comme quantité négligeable par des responsables publics convaincus qu'il convient de faire le bonheur du peuple malgré lui. Au malaise grandissant des élus, qui ont perdu le sens de leur mission, répond un malaise massif des électeurs, qui ne se sentent plus respectés dans leurs aspirations.

L'électeur, ce gêneur

On sous-estimerait à tort le traumatisme initial qu'a constitué, dans ce divorce avec les élites, le référendum bafoué de 2005 sur la Constitution européenne. Il est symptomatique de constater que les Français n'ont plus été consultés sous cette forme depuis, comme si leur jugement était désormais redouté. « Dans un référendum, les électeurs ne répondent jamais à la question posée, mais à

Les Naufrageurs

celui qui la pose ! » affirme l'adage politique, considéré par les occupants de l'Élysée comme une règle d'airain à ne jamais enfreindre, sauf à son détriment. Tous ont été instruits des déboires du général de Gaulle, contraint de quitter le pouvoir après le référendum perdu de 1969, et de Jacques Chirac, dont la fin de mandat fut ternie par ce revers. Il est pourtant permis de se demander si une partie des Français ne se venge pas parfois dans les urnes – pour ceux qui ne les ont pas complètement désertées – parce qu'ils se sont, par le passé, sentis trahis.

Le 29 mai 2005, le « non » au traité constitutionnel européen élaboré par la Convention sur l'avenir de l'Europe, présidée par Valéry Giscard d'Estaing, l'emporte en France avec 54,7 % des voix, soit 15,5 millions de votants. Considérable, la participation s'élève à près de 70 %, soit le même étiage qu'au second tour de l'élection présidentielle d'avril 2022, dont nul ne songerait à remettre en question le résultat. Un « non » sans équivoque qui se voulait d'abord un message de défiance adressé au système politique et médiatique, accusé d'avoir quasi exclusivement fait campagne pour le « oui ». Qui a oublié cette photo complice de Nicolas Sarkozy et François Hollande en couverture de

La trahison du peuple

Paris Match[2] ? Il s'agissait aussi, en écartant les 448 articles du projet de Constitution, de donner un coup d'arrêt à la course folle d'une Europe jugée trop libérale et s'élargissant sans fin, qui avait ouvert ses portes un an plus tôt à dix nouveaux États membres[3].

Autant de signaux qui auraient gagné à être entendus alors pour restaurer la confiance. Las, en lieu et place, les électeurs se voient imposer deux ans plus tard un indigeste « mini-traité », catalogue de mesures techniques reprenant pour l'essentiel les dispositions rejetées, expurgées de quelques irritants. Ainsi la nouvelle architecture institutionnelle imaginée par la Convention Giscard est-elle conservée *in extenso*, mais dans le désordre[4]. Un jeu de bonneteau, comme l'écrira l'ancien président lui-même : « Dans le traité de Lisbonne, rédigé exclusivement à partir du projet de traité constitutionnel,

---

2. En mars 2005, à quelques semaines du référendum, les patrons du PS et de l'UMP acceptent de poser ensemble pour défendre le « oui » à la Constitution européenne.

3. En 2004, l'Union européenne s'élargit à dix nouveaux pays : Chypre, l'Estonie, la Hongrie, la Lettonie, la Lituanie, Malte, la Pologne, la République tchèque, la Slovaquie et la Slovénie.

4. Le traité de Lisbonne prévoit que l'Europe sera pilotée par un président du Conseil européen élu pour un mandat de deux ans et demi, renouvelable une fois, et un président de la Commission européenne désigné par le Parlement européen, au sein de la majorité issue des européennes. Un poste de haut représentant pour les affaires étrangères et la politique de sécurité est également créé.

Les Naufrageurs

les outils sont exactement les mêmes. Seul l'ordre a été changé dans la boîte à outils[5]. » Suprême ironie, la référence à la « concurrence libre et non faussée » au sein du marché européen, qui avait tant hérissé les détracteurs de la Constitution avortée, est retirée du mini-traité sous la pression de Paris, mais réinsérée dans un discret protocole annexe. Le dessein inavoué de ce grand chamboule-tout, selon l'ancien patron de la Convention, amer que son grand œuvre n'ait pu aboutir ? « D'abord et avant tout échapper à la contrainte du recours au référendum, grâce à la dispersion des articles. » On ne saurait être plus clair. Réunis au Portugal les 18 et 19 octobre 2007, les dirigeants européens, dont Nicolas Sarkozy, entérinent ce traité simplifié dit de Lisbonne. Il est ratifié en France par un large vote de l'Assemblée nationale et du Sénat, avec l'aval de l'UMP (ancêtre des Républicains) et du Parti socialiste. Sans que les électeurs aient, cette fois, leur mot à dire.

Le socialiste Laurent Fabius est bien seul, à l'époque, à réclamer un nouveau référendum. Tout comme il s'est retrouvé isolé dans son camp deux ans plus tôt. Sa croisade enfiévrée pour le « non » à

---

5. Tribune de Valéry Giscard d'Estaing, *Le Monde*, 26 octobre 2007.

La trahison du peuple

la Constitution européenne lui a valu d'être écarté par son propre parti – qui militait pour le « oui » –, évincé de la direction du PS et privé de son titre de numéro deux, accusé d'avoir eu raison trop tôt. Une éviction lourde d'arrière-pensées alors que se profilait à gauche une primaire pour la présidentielle de 2007 très convoitée par les « éléphants », de François Hollande à Ségolène Royal.

Cet acte politique reste son fait d'armes. Devenu le gardien des institutions de la Ve République, le premier des « sages » ne renie rien de ses positions de l'époque. « J'ai été critiqué alors même que je suis pro-européen. Précisément, le fait qu'un Européen, qui possédait une certaine audience, prenne position contre le traité constitutionnel, cela avait de la force. J'estimais notamment qu'une Constitution n'avait pas à décider les choix économiques et financiers de l'Europe, ce n'était pas son rôle. Dans mon esprit, ce n'était pas un vote pour ou contre l'Europe, mais pour ou contre le texte de ce traité constitutionnel. », plaide-t-il. À ses yeux, l'adoption au forceps du traité de Lisbonne fut une faute politique, un mépris de la volonté populaire. « Le fait qu'on ait repris par la voie parlementaire ce qui avait été récusé par la voie référendaire a porté atteinte à la confiance de beaucoup dans notre système politique. Le vote populaire s'exprime dans un certain sens, mais le gouvernement rétablit ensuite au grattage ce qui a été refusé au tirage. »

Et pour quel résultat ? Inlassable défenseur du projet européen, Édouard Balladur en vient aujourd'hui à espérer une crise ouverte, tant les institutions issues du mini-traité ont selon lui achevé de donner raison à Henry Kissinger (« L'Europe, quel numéro de téléphone ? ») : « C'est une pétaudière, on ne comprend pas qui l'emporte. Rien ne tient debout, il faut remettre de l'ordre, ne pas redouter l'ouverture d'une crise en Europe ! Ou l'on accepte de réformer l'Europe, ou l'Europe éclatera », exhorte l'ancien Premier ministre.

Tout aussi désastreux symboliquement fut le rejet du résultat du référendum local organisé auprès des 968 000 électeurs de Loire-Atlantique sur le transfert de l'aéroport de Nantes Atlantique sur la commune de Notre-Dame-des-Landes, même s'il n'eut pas un impact national. Le 26 juin 2016, le « oui » arrive en tête dans ce département à 55,17 %, ouvrant enfin la voie aux travaux de ce chantier d'envergure lancé dans les années 1960. En campagne, le candidat Macron s'engage à faire appliquer le verdict des urnes : « Il y a eu un vote. Mon souhait, c'est de le faire respecter. »

La trahison du peuple

Le futur chef de l'État n'est pas sans savoir, déjà, que rien ne lui lie juridiquement les mains. Simple consultation locale sans valeur contraignante[6], le vote des Ligériens peut sans difficulté être contourné sur le plan légal. Mais à quel prix dans l'opinion ? Début 2018, malgré la victoire du « oui », le Premier ministre Édouard Philippe met un coup d'arrêt à ce qu'il qualifie de projet d'« aéroport de la division » et annonce l'évacuation de la ZAD (zone à défendre) de Notre-Dame-des-Landes.

Comment réagiront les Français, devenus méfiants à force de manœuvres déloyales, lorsqu'ils seront de nouveau consultés par référendum ? La question pourrait rapidement surgir avec les nouveaux élargissements européens. « Ce sera l'un des grands sujets des années qui viennent. Comment aborder l'opportunité et les modalités de l'entrée de 7, 8, 10 nouveaux pays dans l'Union européenne ? » questionne Laurent Fabius. Appelés à se prononcer, les Français donneraient-ils quitus à l'Ukraine pour intégrer l'Europe et son marché ? Rien n'est moins sûr.

---

6. Il aurait fallu qu'il soit organisé au titre de l'article 72-1 de la Constitution sur le référendum local, chose impossible dans la mesure où le projet d'aéroport était porté par l'État et non par les collectivités locales.

Les Naufrageurs

Que ceux à qui la procédure référendaire donne des ulcères se rassurent : alors que Jacques Chirac avait fait insérer dans la Constitution de 1958 l'obligation de consulter les électeurs par référendum sur tout élargissement futur de l'UE – afin de rassurer la frange de l'opinion inquiète d'une adhésion possible de la Turquie –, Nicolas Sarkozy a fait amender en 2008 cette disposition pour permettre au chef de l'État de choisir à sa guise la voie, plus confortable, de la ratification parlementaire. D'aucuns considéreront que, dans une démocratie représentative, il revient aux élus désignés par le peuple de se prononcer. D'autres y verront une atteinte à la souveraineté populaire.

Dont Édouard Balladur : « La Ve République est faite pour que le peuple ait le dernier mot, aux dépens parfois de l'exécutif qui le consulte, comme aux dépens du législatif. Le référendum est un moyen d'assurer la supériorité de la voie populaire – c'est-à-dire du souverain, parce que le peuple est souverain – sur la voie parlementaire. Si vous contestez cela, nous ne sommes plus en République. » Laurent Wauquiez préconise pour sa part de s'inspirer du modèle suisse : « On a besoin de référendums, parce que le peuple a l'impression qu'il ne s'exprime pas. La Suisse est un pays très démocratique, très vigilant sur le fait que les décisions prises lors des votations soient mises en œuvre. Leurs référendums portent sur de vrais sujets, pas sur des questions techniques auxquelles personne ne comprend rien, du coup ils ont de vraies réponses. C'est une inspiration démocratique qui nous manque. »

Des propos que pourrait signer un autre présidentiable, François Ruffin, qui a développé de longue date la théorie selon laquelle tout serait mis en œuvre pour dissuader les électeurs de faire leur devoir. « Ça arrange les dirigeants politiques que les gens n'aillent pas voter. La résignation est voulue, elle est construite. C'est l'idée que la démocratie, c'est bien, à la condition que tout le monde ne puisse pas voter ! » accuse-t-il en exhumant les écrits du professeur américain de science politique Samuel Huntington dans son ouvrage *The Crisis of Democracy*[7] : « Le bon fonctionnement d'un système politique démocratique requiert habituellement une certaine mesure d'apathie et de non-engagement d'une partie des individus et des groupes, écrit l'auteur du *Choc des civilisations*[8]. Une démocratie sans le peuple, décrypte le député LFI de la Somme. Voire contre le peuple. »

---

7. Publié avec Michel Crozier et Joji Watanuki, New York, New York Publicity Press, 1975.
8. Paris, Odile Jacob, 1997.

Les Naufrageurs

Déconnectés

La politique est-elle devenue une langue morte, à destination unique de la « bulle » des décideurs, le fameux « cercle de la raison » ? « Les Français ont zappé les politiques notamment du fait de leur langage, concède avec franchise le député européen et dirigeant des Républicains Geoffroy Didier. On leur parle une langue qui leur est totalement étrangère ! On est sur des schémas abstraits sans doute parce qu'on est issus des mêmes écoles ou qu'on a reçu les mêmes formations. On fait de la macropolitique, on parle de milliards de dette, de "système par répartition", de "régalien". Vous en rencontrez beaucoup des Français, vous, qui parlent en "milliards" et de "régalien" ? Ce sont des concepts, des mots creux. Sans qu'on s'en rende compte, sans mauvaise volonté, les thématiques que nous abordons se sont décalées par rapport à ce que vit la société. Il est urgent d'en prendre conscience et de changer tout ça[9] ! »

Ce grand écart entre les préoccupations des responsables publics et de leurs administrés, Raphaël Glucksmann l'a analysé de longue date. L'essayiste aime à comparer la classe politique française à la

---
9. Entretien avec l'auteure, 3 janvier 2024.

figure du chaman dans les tribus amazoniennes, étudiées par l'anthropologue Pierre Clastres[10]. « Le chaman, expose-t-il, est celui qui est investi de l'aura, de l'esthétique du pouvoir. Mais il est en réalité privé du pouvoir et parle une langue qu'aucun Indien ne comprend, une langue propre. Il est placé au milieu de la communauté, il pérore et personne ne le capte ! Les gens passent, l'écoutent et ils se moquent de lui, ils rigolent. Et je pense qu'il y a un risque que la politique française devienne ce chaman, à force de répéter les mêmes mots que plus personne ne comprend, qui sont quasi privés de sens. »

L'ancien Premier ministre Laurent Fabius relève pour sa part une étrangeté de notre organisation institutionnelle, qui veut que les ministres chargés des questions brûlantes du quotidien ne soient pas les mieux classés dans l'ordre protocolaire du gouvernement. « Prenez par exemple deux sujets, qui ne sont pas les moindres : notre système éducatif et notre système hospitalier. Ils sont importants pour la vie concrète de beaucoup de Français, pour l'avenir de notre pays, et ne dépendent des choix d'aucune puissance étrangère mais de notre politique nationale et seulement d'elle. Or, ce n'est pas

---

10. *La Société contre l'État*, Paris, Minuit, 1974.

Les Naufrageurs

là-dessus que les décideurs politiques sont jugés. Et il existe une sorte de Panthéon ministériel, de hiérarchie implicite de ce qui est ministériellement important en France. Si vous êtes un "grand" politique, vous êtes soit ministre des Finances, soit ministre des Affaires étrangères, parfois ministre de l'Intérieur. Jusqu'à présent, il n'y a pas eu de grande personnalité politique qui choisisse de s'occuper de la santé. Simone Veil l'est devenue mais après coup. De même, il n'y a jamais eu de personnalité politique de premier plan pour dire : "Je veux être ministre de l'Éducation nationale." Le Panthéon des choix de nos responsables politiques n'est pas le Panthéon de l'efficacité et de la responsabilité. »

À quand un vice-Premier ministre chargé des services d'urgences menacés de fermeture, des déserts médicaux et pénuries d'antibiotiques ? Pourquoi pas un ministre d'État à la lutte contre la vie chère, pour ne citer que quelques exemples, parmi les plus criants, de ce dédain dans lequel sont tenues les questions du quotidien ? Était-il si absurde de créer, comme le fit François Mitterrand au prix de moqueries, un ministère du Temps libre ? Il fut pourtant à l'origine des chèques-vacances, qu'utilisent depuis des millions de Français.

La trahison du peuple

Peu de thématiques illustrent mieux que le logement l'intense décalage entre les priorités du « sommet » et celles de la « base ». Un secteur en plein effondrement : des constructions neuves à l'arrêt, des investisseurs privés mis en fuite par la fin des dispositifs fiscaux incitatifs du type Pinel, une flambée des taux d'intérêt, une restriction de l'offre de locations du fait des nouvelles normes environnementales. Pas un professionnel qui n'alerte sur cette bombe sociale menaçant nombre de Français de ne plus trouver de toit décent et quantité de professionnels de finir en banqueroute. PDG du premier promoteur immobilier de France, Nexity, contraint d'annoncer début 2024 un plan social, Véronique Bédague compare cette crise à celle de l'hiver 1954, quand l'abbé Pierre prononça son appel au secours. « Je ne sais pas, à la rentrée 2025, comment les gens vont se loger[11] », frémit cette femme peu connue pour son usage excessif du superlatif.

A-t-on pour autant vu des conseils de défense « logement » convoqués toutes affaires cessantes à l'Élysée ? Les quelques mesures annoncées[12] ont déçu les experts. Qu'on y songe : début 2024, après

---

11. Entretien avec des journalistes, dont l'auteure, 14 novembre 2023.
12. Le CNR (Conseil national de la refondation) dédié au logement en juin 2023, en particulier.

Les Naufrageurs

la nomination de Gabriel Attal à Matignon, la France est restée près d'un mois sans ministre du Logement. Finalement désigné avec le titre de ministre délégué, et non de plein exercice, Guillaume Kasbarian – au demeurant respecté par les spécialistes du milieu – figure en dernière position dans le décret détaillant la composition du gouvernement, signe de l'importance accordée à son champ d'action. En sept ans, il est déjà le cinquième titulaire du poste. Qui est capable de citer de tête ses prédécesseurs depuis 2017[13] ?

Dans ce domaine, le verrou semble se situer au sommet de l'État. Sans désigner nommément Emmanuel Macron, Véronique Bédague étrille des « mythes élyséens » selon lesquels le logement serait une insupportable rente, un paradis fiscal qu'il serait urgent de clore. Comble du paradoxe, le marasme du logement est tel qu'il en vient à menacer les priorités affichées du chef de l'État, à commencer par la réindustrialisation du pays – sans logements créés autour des nouvelles usines, comment recruter ? – et le « réarmement » démographique. La patronne de Nexity a ainsi mis en garde l'ancienne ministre de la Famille, Aurore Bergé, sur

---

13. Julien Denormandie (mai 2017-juillet 2020), Emmanuelle Wargon (juillet 2020-mai 2022), Olivier Klein (juillet 2022-juillet 2023) et Patrice Vergriete (juillet 2023-janvier 2024).

La trahison du peuple

le fait que les courbes de natalité risquaient de fléchir, les familles renvoyant *sine die* leur projet d'avoir un ou de nouveaux enfants, faute de pouvoir s'agrandir ou se loger correctement. « Le logement est une bombe à retardement. Il y a 2 800 enfants qui dorment dehors toutes les nuits dans notre pays ! » s'insurge l'ancien syndicaliste Laurent Berger, bénévole pour la fondation Abbé-Pierre.

« Quand le bâtiment va, tout va ! » dit la maxime héritée du député de la Creuse Martin Nadaud au XIXe siècle, ancien ouvrier maçon de son état. Il n'est pas aberrant de penser qu'elle a, peut-être, un fond de vérité.

Ancien ministre chargé du Logement, Marc-Philippe Daubresse faisait partie de la fière équipe des « baobabs » (la « boîte à outils de la bande à Borloo »). « Avec Jean-Louis, on a distribué 45 milliards d'euros d'argent public tous azimuts, qui ont rapporté 40 milliards de recettes. On a relancé le secteur, redonné de l'emploi, reboosté la construction de 50 % », s'enorgueillit-il. Dès 2018, il flaire le krach immobilier à venir, entre la fin des incitations fiscales à l'investissement et la raréfaction du crédit. « C'est comme un moteur dont on enlève l'arrivée d'air », décrit-il. « Attention, monsieur le ministre, vous allez dans le mur ! » lance-t-il à son successeur Julien Denormandie, avant de renouveler l'avertissement aux suivants. Sans résultat.

Au cœur de l'été 2021, il entreprend d'interpeller directement Emmanuel Macron, qui participe aux cérémonies de la libération à Bormes-les-Mimosas (Var). Le maire, proche de Daubresse, a fait une entorse au protocole voulu par l'Élysée – pas de parlementaires – en conviant son ami. « Monsieur le président, je vous alerte sur la situation du logement, s'empresse de dire Marc-Philippe Daubresse lorsqu'Emmanuel Macron arrive à sa hauteur, décelant dans le regard du chef de l'État une once d'irritation. J'ai vu vos ministres, mais rien ne se passe. Ça va péter et je vous donne la date : fin 2022, début 2023 ! Vous allez perdre 150 000 à 200 000 emplois dans le bâtiment. Je ne suis pas de votre parti, mais je suis un centriste humaniste et je n'aurais pas de difficulté à venir donner un coup de main pour éviter cette crise. » Après de longues minutes d'échange, le président coupe court. « L'immobilier, ce n'est pas comme ça que ça marche. On dépense trop d'argent, on met trop de fiscal, on va assainir le marché, ça fera baisser les prix. On aura peut-être un peu de casse mais, au global, ce sera bon pour le consommateur », lui rétorque-t-il en substance.

La trahison du peuple

« C'était un raisonnement purement théorique, universitaire. Et derrière, ça a commencé à se casser la gueule, regrette Marc-Philippe Daubresse. Le blocage qui fait que le logement court à la catastrophe, c'est le président. Il est le fossoyeur de la politique du logement, c'est triste. Il commet un contresens qui fait qu'on va se retrouver avec 300 000 pertes d'emplois en raison des faillites à venir : une agence immobilière sur deux et au moins un promoteur sur trois. Les outils, on les a. Il faut un plan de relance, un plan Marshall ! Édouard Philippe a dit, à juste titre, que le logement est une bombe sociale. Je dis que c'est une bombe à fragmentation. »

La méthode Attal

Il faut pourtant reconnaître à Emmanuel Macron d'avoir tenté d'insuffler un peu d'oxygène dans une vie civique au bord de l'asphyxie. Depuis le séisme des Gilets jaunes, il a multiplié les cénacles inspirés de la démocratie participative chère à Ségolène Royal, pionnière en la matière. Coup de génie, le grand débat national a contribué – avec les 17 milliards d'argent public déversés – à doucher la révolte. Les conventions citoyennes sur le climat, puis sur la fin de vie, ont permis à des électeurs tirés au sort de contribuer à l'élaboration de la loi. Si le Conseil national de la refondation a connu un succès mitigé, les rencontres avec les chefs de parti au format dit de Saint-Denis ont remis autour de la table des personnalités qui ne se parlaient plus. Des « gadgets démocratiques », s'offusque l'opposition de droite en accusant le président d'ouvrir « le magasin des farces et attrapes » pour détourner l'attention. Il serait naïf de croire que ces innovations démocratiques n'étaient pas, à l'origine, une manière de court-circuiter les élus locaux, les partenaires sociaux et le Parlement. De même, Emmanuel Macron n'a pas toujours tenu compte, tant s'en faut, des recommandations de ces instances. Reste que la tentative est là.

Peu suspect de sympathie envers le président, Laurent Berger approuve la démarche, car il faut à ses yeux tout tenter pour réparer une démocratie qui se délite dangereusement. « C'était un peu fait, au départ, pour contourner les corps intermédiaires, mais j'ai toujours pensé que c'était une bonne chose. La Convention citoyenne sur la fin de vie menée par Claire Thoury est un exemple de la façon dont, ensemble, on devient plus intelligents. La conférence sur le climat aussi, même si Emmanuel Macron n'aurait pas dû s'engager à en reprendre toutes les conclusions. Gouverner, c'est aussi décider. »

Il faut également concéder au chef de l'État d'avoir cherché à écouter le pays, sur la foi des sondages, en propulsant au sommet du gouvernement l'un de ses ministres les plus appréciés, rompant avec sa pratique passée qui consistait à sélectionner des personnalités effacées. Plus jeune Premier ministre depuis 1958, Gabriel Attal dit s'interroger de longue date sur les raisons profondes du divorce entre les Français et leurs représentants, au premier rang desquelles la déconnexion et le sentiment d'impuissance, qu'il a cherché à casser dès sa nomination au ministère de l'Éducation, avec plusieurs mesures de nature à frapper les esprits, de l'interdiction de l'*abaya* à l'école à l'exclusion des élèves harceleurs. De la vie quotidienne, du terre à terre – du populisme light, diront ses détracteurs – qui lui ont permis de se hisser rapidement à la cime des enquêtes de popularité.

« Aujourd'hui, les Français n'écoutent les politiques que quand ils ont des choses concrètes à leur dire, qui vont impacter leur vie quotidienne, observe le chef du gouvernement. Je m'en suis rendu compte au moment du Covid. J'ai commencé à percer dans l'opinion quand j'étais

Les Naufrageurs

porte-parole parce que, dans mes interventions, je disais des choses qui allaient impacter leur vie quotidienne, au sens le plus extrême du terme : "Est-ce que vous allez être confinés ou pas ? Est-ce que vous pourrez aller au restaurant ou pas ?" Ça m'a convaincu qu'il fallait arrêter de faire des médias pour faire du commentaire ou parler de sujets qui n'ont pas d'impact direct sur la vie des gens, parce que ce n'est pas ce qu'ils attendent, voire que cela les insupporte. Ils se moquent de savoir ce qu'on pense du dernier tweet de Jean-Luc Mélenchon. Ils veulent qu'on parle de sujets concrets et surtout, quand ils nous entendent faire des annonces, qu'il se passe quelque chose derrière[14]. »

Afin de venir à bout de la résistance de « l'État profond », Gabriel Attal et son équipe avouent avoir eu recours à un procédé insolite pour imposer l'interdiction de l'*abaya* et du *qamis* : alors que le secrétariat général du ministère de l'Éducation rechignait à rédiger la note de service destinée aux enseignants, au motif que le Conseil d'État risquait de la rejeter, le futur Premier ministre a demandé à l'un de ses « quatre fantastiques » – comme il surnomme les conseillers qui l'accompagnent depuis le début de son aventure – de l'écrire. C'est donc

---

14. Entretien avec l'auteure, 19 décembre 2023.

son chef de cabinet et conseiller spécial, Maxime Cordier, ancien militant UMP passé par les cabinets du gouvernement Fillon, diplômé de Sciences Po Paris mais sans formation juridique particulière, qui a tenu, à 30 ans, la plume de cette mesure emblématique. « Moi, je ne prends pas des positions, je prends des décisions », résume, dans une formule qui claque comme un slogan, le Premier ministre.

Son défi, qui tient de l'impossible : dupliquer cette méthode faite de pragmatisme à Matignon. Gabriel Attal le sait, s'il échoue à retrouver le chemin de la confiance des Français et si ces derniers décident de se jeter dans d'autres bras, il portera sur ses épaules une part de la responsabilité. Mais pourquoi Marine Le Pen réussirait-elle là où d'autres ont échoué ?

9

La « marinisation » des esprits

C'est une capitulation qui ne dit pas son nom, une petite musique qui pimente les dîners en ville où des convives, cédant au grand frisson de la transgression, confessent que « ça y est », eux aussi ont « basculé », prêts à glisser dans l'urne un bulletin de vote frappé du logo à la flamme. Contre promesse de discrétion, des personnalités politiques de premier plan avouent de leur côté avoir demandé audience à la triple finaliste à la présidentielle pour « voir la bête de près ». Marine Le Pen présidente de la République ? Dans les états-majors politiques, le grand renoncement fait son œuvre, comme s'il fallait feindre de choisir ce que l'on risque un jour de subir. « Logiquement, ça va se terminer comme ça. On a eu Matteo Renzi en Italie et Barack Obama aux États-Unis, des types jeunes avec une belle gueule et un énorme charisme mais qui ont déçu. Ça s'est fini avec les populistes, Giorgia Meloni et Donald Trump. Chez nous, après Emmanuel Macron, il y a de grandes chances pour que ce soit Marine Le Pen », prophétise un ancien haut gradé de Matignon, qui souffle même : « Je souhaite qu'elle soit élue, il faut lever l'hypothèque. »

En 1927, Julien Benda décortiquait dans *La Trahison des clercs*[1] la défaite morale des intellectuels, accusés d'avoir trahi leurs idéaux pour céder aux passions tristes de leur temps. Un siècle plus tard, la même gangrène semble ronger une partie de la classe politique, qui a baissé les bras, comme terrassée d'avance par des sondages présidentiels flatteurs, pourtant dénués de sens si loin de l'échéance. Après tout, que ferait-elle de si terrible que les « cours suprêmes » ne parviendraient à empêcher ? rabâchent les mêmes. Aurait-elle seulement les moyens de gouverner, Emmanuel Macron ayant démontré à ses dépens qu'un président élu n'est pas assuré de disposer d'une majorité ? serinent-ils encore.

« Marine Le Pen n'est pas la pire chose qui puisse nous arriver. C'est une radicale-socialiste à la Chirac, une fille de Saint-Cloud. Ce n'est pas le fascisme à nos portes ! » se rassure à bon compte un

---

1. Paris, Grasset, 2003.

La « marinisation » des esprits

ancien ministre des années Chirac, omettant de préciser qu'il a partagé un verre avec elle. « Ce sera la mère aux chats, elle sera la maman des Français. Elle n'aura qu'une chose à faire en arrivant : un référendum à plusieurs questions sur l'immigration, le droit du sol et le regroupement familial. Elle fera 85 % et elle pourra dormir pendant cinq ans, les Français l'auront élue pour ça », balaie un ancien conseiller du quinquennat Sarkozy.

Qu'il semble loin, le temps où plus d'un million de Français battaient le pavé pour protester contre l'accession de son père au second tour de la présidentielle, il y a moins d'un quart de siècle.

En leur for intérieur, certains élus s'accoutument désormais à l'idée qu'il faudra peut-être gouverner avec un Rassemblement national aux portes du pouvoir pour ne pas avoir à subir cinq, voire dix ans de purgatoire de plus sur les bancs de l'opposition. Si la fille de Jean-Marie Le Pen demeure un repoussoir du fait de son ADN familial, le jeune Bardella fait des ravages à droite, où l'on se garde de l'attaquer frontalement, quand on ne lui donne pas du « Jordan » complice et déférent.

« Ce sera peut-être notre champion un jour. On doit affaiblir le RN mais pas le tuer, on sera peut-être amenés à travailler avec lui », expose crûment un responsable des Républicains. « Les gens honnêtes chez nous se disent qu'il faudra peut-être faire le choix du RN, mais ils se demandent quand et comment pour ne pas passer pour des traîtres. Travailler avec Le Pen jamais, mais avec Bardella... » murmure un stratège LR.

« Des raisonnements crétins ! chapitre un ancien Premier ministre. Il y a toujours des gens qui veulent être dans l'air du temps et parfois le précéder. La moitié des élites françaises est déjà dans cet état d'esprit de collaboration. » « Tout est fait par les responsables politiques de l'arc républicain pour ne pas organiser leur succession. Une question me taraude : comment des gens aussi intelligents que Paul Reynaud, Édouard Daladier, Édouard Herriot ont pu laisser passer Hitler ? La haine qu'ils éprouvaient les uns envers les autres était si forte qu'ils ont préféré ça. La démocratie est en danger, bradée par des médiocres », réprouve Jean-François Copé, quand l'essayiste Alain Minc invite ceux qui ont déjà abdiqué à relire d'urgence *L'Étrange défaite* de Marc Bloch[2] sur la débâcle des élites françaises ayant conduit au grand effondrement de 1940.

---

2. Paris, Gallimard, 1990.

La « marinisation » des esprits

Au sein de la haute fonction publique aussi, on se prépare. Sous couvert de « off », un préfet confie échanger avec ses collègues sur la conduite à tenir en cas d'accession de Marine Le Pen à la magistrature suprême : claquer la porte pour ne pas servir un régime d'extrême droite ou rester pour freiner son action ? « C'est un vrai pari, faire bloc de l'intérieur afin que l'État tienne, et empêcher des choses inacceptables. Après, un préfet, ça se dégage en un claquement de doigts en Conseil des ministres... Imaginez : être haut fonctionnaire d'un régime conduit par une présidente nommée Marine Le Pen, c'est rédhibitoire, beaucoup partiraient ! La tranquillité, ce serait de se mettre en disponibilité et de revenir cinq ans après », phosphore ce grand serviteur de l'État.

« Je ne crois pas du tout aux faux résistants, aux Jean Moulin d'opérette ! Ils seront de zélés serviteurs d'une Marine Le Pen élue démocratiquement. On se souvient de Yannick Noah qui disait : "Si Le Pen arrive au pouvoir, je quitte la France" », met au défi un important cadre mariniste, qui promet un grand nettoyage en cas de victoire pour mettre au pas la haute administration. Le *spoil system*, en clair. « L'État profond n'a pas intérêt à notre arrivée au pouvoir, car ça nuirait à son confort. L'ampleur de l'élection permettra de rompre avec de mauvaises habitudes », ambitionne le même, sans préciser comment le RN s'y prendrait pour lutter contre l'inertie de la machine d'État. Une mission dans laquelle Nicolas Sarkozy comme Emmanuel Macron, malgré de confortables victoires et toute leur détermination, ont pourtant échoué.

Et si la « marinisation » des esprits était aussi le fruit de ce grand défaitisme, de cet « aquoibonisme », de nos petites lâchetés ? Ainsi du chef de l'État qui, au nom d'une logique illisible, édicte que le RN ne fait pas partie de l'arc républicain[3], après avoir pourtant convié Jordan Bardella aux rencontres des chefs de parti en août et novembre 2023, lui offrant un brevet de respectabilité inespéré. Par quel mystère des strictes règles protocolaires le jeune leader du RN s'est-il retrouvé au premier rang de la cérémonie d'hommage aux victimes françaises des attaques terroristes du Hamas organisée par l'Élysée, dans la cour des Invalides, le 7 février 2024 ? Le décret du 13 septembre 1989 sur les règles de préséance dans les manifestations officielles, héritées de Napoléon Bonaparte, ne comporte nulle mention des chefs de parti et les

---

3. Entretien d'Emmanuel Macron avec le quotidien *L'Humanité*, 18 février 2024.

La « marinisation » des esprits

parlementaires européens n'émargent qu'à la quatorzième place du classement, derrière les hautes figures de la République (présidents du Sénat et de l'Assemblée, ministres actuels et anciens, etc.). Quant à Marine Le Pen, elle est décrétée *persona non grata* de la cérémonie d'entrée au Panthéon des résistants Missak et Mélinée Manouchian par le président, comme si le problème était davantage la famille Le Pen que les idées du RN. L'un serait fréquentable, l'autre pas ?

S'il voue un souverain mépris à la députée du Pas-de-Calais, qu'il a battue et écrasée deux fois en débat, Emmanuel Macron joue un jeu dangereux avec Jordan Bardella, flatté et mis en avant. Pour le pousser à la faute ? Dans le secret de son palais, le président se dit persuadé que l'ambitieux est « en embuscade » pour 2027. Parier sur la désunion des deux têtes du RN serait toutefois périlleux. De la même façon, si ce parti ne s'inscrit pas dans l'arc républicain, pourquoi avoir toléré que deux députés d'extrême droite soient propulsés vice-présidents de l'Assemblée nationale à l'été 2022[4], pour la première fois de l'histoire, avec les voix d'élus Renaissance ? Emphase et contradictions. On débattra de même *ad nauseam* pour savoir si l'on

---

4. Les députés RN Hélène Laporte et Sébastien Chenu.

Les Naufrageurs

assèche le vote RN en venant sur ses terres – de la loi sur l'immigration à la remise en cause du droit du sol à Mayotte – ou si on l'alimente en carburant en créant un climat propice.

« La force du RN, c'est surtout notre faiblesse, résume l'Insoumis François Ruffin, marqué par une scène entre Amiens et Paris lors des régionales de 2015 que Marine Le Pen briguait dans le Nord-Pas-de-Calais-Picardie, avant de s'incliner face à Xavier Bertrand. Dans le train, une militante du Front national en interpelle une autre : "Alors, tu vas coller où dimanche ? On va gagner, Marine va l'emporter !" Les gens, dans le wagon, regardaient leurs pompes. Un des moteurs de mon engagement politique a été de me dire : "On ne peut pas se regarder les pompes comme ça, il faut avoir autre chose à proposer." Je dis toujours : "Mon adversaire, c'est la finance, mais c'est surtout l'indifférence." Comment fait-on pour sortir les gens du découragement, de l'abattement ? Dans *Histoire d'un Allemand*[5], le journaliste Sebastian Haffner explique que le nazisme l'a surtout emporté par la dépression. Des millions d'Allemands sont entrés en dépression et ont laissé faire. Il y a clairement une digestion, comme si

---

5. Sebastian Haffner, *Histoire d'un Allemand. Souvenirs (1914-1933)* [1939], Arles, Actes Sud, coll. « Babel », 2004.

La « marinisation » des esprits

Marine Le Pen appartenait à la normalité, par ceux qui prétendent la vaincre. »

L'atomisation de la société, accrue par la pandémie, n'arrange rien à l'affaire. C'est l'avènement de l'électeur consommateur, zappeur, qui vote selon son intérêt du moment. « On assiste à une entrée en force dans nos sociétés de l'individualisme, qui a comme premier effet de faire passer les droits de l'individu avant les droits de l'homme, diagnostique le député Renaissance Gilles Le Gendre, qui a fondé le cercle de réflexion "Le défi démocratique". C'est moi, moi, moi, ma vie, mes affaires ! La démocratie, qui repose sur le culte du collectif, reçoit des coups de boutoir d'une sévérité extrême. »

Quand le vernis craque

Afin d'anesthésier les doutes persistants sur sa vraie nature, le RN a opté pour une stratégie efficace de la cravate, du « pas de vague », gommant toute aspérité pour se normaliser, se fondre dans la masse. Surfant sur le besoin de protection et d'apaisement dans le pays, Marine Le Pen a lissé son image, théorisant ce que son entourage appelle la « distance affectueuse » face à la morgue jupitérienne.

Les Naufrageurs

« Marine, c'est la fille de Jacques Chirac et d'Angela Merkel, elle a un côté rassurant. Elle est apaisée dans sa vie », ose Sébastien Chenu, l'un des deux vice-présidents RN de l'Assemblée, qui va jusqu'à préciser que les militants du mouvement l'appellent volontiers « Tata », comme François Mitterrand fut rebaptisé « Tonton » en son temps. Dormez, braves gens.

Tout est pensé pour limiter les sorties de route. « Marine Le Pen nous dit toujours qu'on ne doit pas avoir raison à 100 %, mais à 200 % », indique le même. Sur les 88 députés, seule une poignée est habilitée à s'exprimer au nom du parti. « Ils sont comme Bernardo dans *Zorro* : moins ils parlent, plus ils montent », pique le député Renaissance Karl Olive. Au point de devenir un parti comme les autres ? Éclipsés par les outrances des Insoumis, les dérapages des élus RN n'en sont pas moins révélateurs. Souvent, la façade trop parfaite se fissure. C'est le porte-parole Laurent Jacobelli pris en flagrant délit d'invective du député Renaissance Belkhir Belhaddad, d'origine algérienne, le traitant à deux reprises de « racaille » lors d'un échange venimeux, avant de le menacer de « venir foutre le bordel » dans sa circonscription. C'est Marine Le Pen, on l'a vu, qui gratifie une ancienne ministre d'un « Ferme-la » dans l'hémicycle. « Le RN gagne

La « marinisation » des esprits

en respectabilité dans l'opinion mais ses élus se tiennent tout aussi mal que les Insoumis », constate Élisabeth Borne, qui a payé pour voir en tant que Première ministre, sérieusement chahutée un jour qu'elle montait à la tribune de l'Assemblée pour déclencher un 49-3, huée par les élus du RN et alpaguée par le mariniste Jean-Philippe Tanguy d'un sonore : « Eh, arrête ton bla-bla[6] ! » « À l'approche des élections européennes, ils disent à nos députés : "On va vous plier !" Le vernis craque[7]. »

L'ancienne cheffe du gouvernement a été particulièrement hérissée par la tentative du RN de gommer son passé à l'occasion de la grande marche contre l'antisémitisme. Le 7 novembre 2023, un mois après les massacres commis par le Hamas, le même Jean-Philippe Tanguy l'interpelle lors des questions au gouvernement sur « l'ignoble flambée d'antisémitisme », l'imputant à l'extrême gauche et à la communauté musulmane. Outrée, Élisabeth Borne envoie le porte-parole Olivier Véran lui rappeler que, deux jours plus tôt, Jordan Bardella a lourdement fauté en assurant ne pas croire « que Jean-Marie Le Pen était antisémite »

---

6. Le 18 octobre 2023.
7. Déjeuner avec des journalistes, dont l'auteure, 9 novembre 2023.

Les Naufrageurs

pour ne pas froisser le patriarche. Et ce, malgré les multiples dérapages et condamnations du fondateur du Front national pour antisémitisme, négationnisme et banalisation de crime contre l'humanité après ses propos sur les chambres à gaz, « point de détail de l'histoire » ou « Durafour crématoire ». Contraint par l'ampleur du tollé, le patron du RN reconnaît après coup une « maladresse ». « Ils essaient de faire croire qu'ils sont les meilleurs défenseurs des Juifs de France. C'est monstrueux, c'est à hurler. Ils essaient de passer leur dernière étape de normalisation. Que je sache, la Shoah, l'affaire Dreyfus, ce ne sont pas les musulmans ! » s'indigne Élisabeth Borne. Et que dire de ce discret déjeuner organisé par Marine Le Pen et son jeune bras droit en janvier 2024 avec Alice Weidel, coprésidente du sulfureux parti d'extrême droite allemand AfD, impliqué dans un scandale pour avoir imaginé avec des groupes identitaires proches des néonazis un projet puissamment xénophobe de « remigration » de deux millions de personnes étrangères ou d'origine étrangère ? Un sacré coup de canif dans la stratégie de banalisation.

Sur le fond des dossiers aussi, le RN pèche par amateurisme. Ainsi, entre autres exemples, du député du Nord Sébastien Chenu, numéro deux

La « marinisation » des esprits

du parti, qui attaque bille en tête Emmanuel Macron pour avoir vendu à la Russie des navires de combat Mistral en 2017, assurant que ces vaisseaux auraient servi à agresser l'Ukraine. Las, François Hollande a annulé en 2014 ce contrat de 1,12 milliard d'euros paraphé par Nicolas Sarkozy, pour protester contre l'invasion de la Crimée, préférant céder les Mistral à moindre prix à l'Égypte. Comble de l'ironie, Marine Le Pen avait dénoncé à l'époque une « faute lourde » du président socialiste.

Trop vite, trop haut ? Pourtant surnommé « le Cyborg » et jugé « totalement *control-freak* » par ses rivaux en interne, Jordan Bardella commet de sérieuses fautes de carre, tant par excès d'assurance qu'en raison des flottements idéologiques du RN. Interrogé, pour n'en citer qu'une, sur le refus de son parti de soutenir une résolution européenne condamnant les conditions de détention du martyr russe Alexeï Navalny, il se retranche derrière la liberté des États, pour ne pas avoir à concéder quelque complaisance que ce soit envers le régime de Vladimir Poutine. Pourquoi, alors, le RN a-t-il voté une autre résolution européenne contestant la répression d'opposants à Cuba ? « Bardella, c'est ChatGPT, avec quelques avantages et tous les inconvénients, grince l'eurodéputé LR Brice

Les Naufrageurs

Hortefeux. Quand on lui pose une question, ça part tout seul, mais quand on lui demande : "Et vous, qu'en pensez-vous ?", il est totalement sec[8]. » « Il est excellent pour répéter des éléments de langage, mais il n'a pas de culture, pas de pensée politique propre. C'est Philippe Olivier[9], le conseiller de Marine Le Pen, qui le nourrit. Bardella est léger et il le sait », assène un adversaire au Parlement européen. « Ça reste un jeune homme né en 1995, avec une licence de géographie abandonnée en cours de route, qui n'a aucune expérience de la vie et se croit tout permis », pique un élu RN. Adulée à l'excès, la machine Bardella cède au péché de l'*hubris*, à la gourmandise de l'arrogance, exigeant des Français qu'ils le portent à Matignon à la faveur d'une dissolution de l'Assemblée ou demandant à Gabriel Attal, un jour d'entretien à Matignon, de lui faire visiter les appartements privés pour repérer les lieux. Ce que le Premier ministre a prestement refusé.

---

8. Entretien téléphonique avec l'auteure, mars 2024.
9. Député européen RN et proche conseiller de Marine Le Pen. Il est l'époux de sa sœur aînée, Marie-Caroline Le Pen.

La « marinisation » des esprits

« En même temps » à la mode RN

L'ambiguïté tient lieu de fil conducteur dans ce parti qui cherche à s'élargir à de nouveaux électeurs, aux intérêts forcément divergents, et dont le seul ciment est la colère. Plus il conquiert de parts de marché, plus le Rassemblement national se voit contraint à un grand écart idéologique, au prix de la contradiction et du flou artistique.

Ainsi, il se dit à la fois protecteur du pouvoir d'achat et des salariés, « et en même temps » partisan de la réduction des charges patronales et de la liberté d'entreprendre. « Ils arrivent à défendre les entreprises et les bénéficiaires du RSA, les employeurs et les chômeurs. Ils nous ont même attaqués quand on a étalé sur quatre ans la réduction des impôts de production[10] ! Ils draguent les milieux économiques. Le pire, c'est que ça peut marcher », raille Élisabeth Borne.

Le RN se prétend par ailleurs vertueux sur le papier, et se montre « en même temps » follement dépensier dans ses promesses. Le 29 février 2024, Marine Le Pen se fend d'une tribune au rigoureux

---

10. Candidat à sa réélection, Emmanuel Macron s'était engagé à poursuivre la baisse des impôts de production, en supprimant 8 milliards d'euros de la contribution sur la valeur ajoutée des entreprises (CVAE). Ramenée à 4 milliards, cette réduction a finalement été étalée sur quatre ans.

Les Naufrageurs

quotidien économique *Les Échos* sur le « mur de la dette », reprochant à Emmanuel Macron d'avoir mis en « péril la souveraineté nationale dans un contexte de taux d'intérêt durablement élevés ». De quoi rassurer les marchés sur son sérieux ? Pour mémoire, l'institut Montaigne chiffrait en 2022 son programme présidentiel à 101,8 milliards d'euros par an pour les finances publiques – une ruine – entre la retraite à 60 ou 62 ans selon l'âge d'entrée dans la vie active, la TVA à 5,5 % sur les carburants et l'électricité, la nationalisation des sociétés d'autoroute ou l'exonération d'impôt sur le revenu des moins de 30 ans, au demeurant inconstitutionnelle en raison de l'égalité devant l'impôt. Pas plus complaisant avec Emmanuel Macron, le *think tank* évaluait le coût du projet du candidat Renaissance à 44,5 milliards annuels.

« Les deux points faibles de Marine Le Pen sont le pouvoir d'achat et l'économie. Ses propositions sont délirantes et d'ultra-gauche. Le pays finirait en faillite, ce serait la décadence finale dans un gentil feu de joie », pointe son adversaire putatif Laurent Wauquiez. « Le lepénisme est le nouveau marxisme. Toujours plus de dépenses, toujours moins de recettes[11] », tonne le ministre de l'Économie Bruno

---
11. Entretien au *Monde*, 6 mars 2024.

La « marinisation » des esprits

Le Maire. « On peut s'interroger sur sa compétence, abonde Édouard Balladur. Je n'ai pas oublié qu'elle voulait sortir de l'euro. S'il y a une chose à laquelle je suis attaché, c'est l'euro. »

Lorsqu'une thématique l'embarrasse, si capitale soit-elle, le parti se réfugie dans un mutisme prudent, misant sur l'amnésie collective, une polémique chassant l'autre sur les réseaux sociaux. Lors du débat sur l'inscription dans la Constitution de la « liberté garantie » des femmes de recourir à l'interruption volontaire de grossesse (IVG), le RN s'est montré fort discret, se bornant à expliquer que cette réforme ne servait « à rien », nul ne songeant selon lui à remettre en cause ce droit. En 2012, sa candidate Marine Le Pen préconisait pourtant de dérembourser cet acte pris en charge par la Sécurité sociale pour éviter de prétendus « avortements de confort », au risque de fragiliser les femmes les plus démunies. Placé au pied du mur par l'exécutif au printemps 2024, contraint de se prononcer par vote à l'Assemblée sur son soutien ou non à l'Ukraine, le RN s'est de même muré dans une confortable abstention, ni pour ni contre, bien au contraire. Un « et en même temps » dont il convient de se demander s'il ne le condamnerait pas au pouvoir à l'échec, comme il a brouillé le message macroniste.

Les Naufrageurs

Brevet d'incompétence

Là est la question essentielle, au regard de la crise de l'impuissance publique qui ronge nos démocraties : en vertu de quelle recette miracle un exécutif marinisé obtiendrait-il des résultats qu'aucun pouvoir avant lui n'est parvenu à arracher ? De quelle compétence dispose-t-il, qui lui garantirait de faire mieux ? Pourquoi réussirait-il là où tant d'autres, plus expérimentés, ont déçu ?

« Parce qu'on ne leur ressemble pas, qu'on n'est pas du sérail », répondent invariablement les cadres du RN, répétant le même élément de langage. L'absence d'expérience de l'exercice de l'État n'est pourtant pas le meilleur gage de réussite. « "On ne nous a jamais essayés", ce n'est pas la preuve d'une compétence. Ils sont juste le dernier cheval du manège et c'est peut-être le pire », met en garde le député européen LR Geoffroy Didier, qui côtoie Jordan Bardella au Parlement européen. En près de quarante ans de vie politique[12], Marine Le Pen n'a jamais exercé de fonction ministérielle au sein d'un gouvernement, ni dirigé aucun exécutif local. « Je ne crois pas que

---

12. Marine Le Pen a pris sa carte au Front national en 1986 et conquis son premier mandat en 1998, comme conseillère régionale d'opposition dans le Nord-Pas-de-Calais.

La « marinisation » des esprits

quelqu'un qui n'a jamais rien géré dans ce pays, ne serait-ce qu'une commune de cinq cents habitants, soit capable du jour au lendemain de remédier à une impuissance aussi profonde. L'une des leçons du macronisme, c'est que lorsqu'on porte au pouvoir des gens sans expérience, ça ne fonctionne pas », poursuit Laurent Wauquiez, ancien ministre de son état, qui voit en elle « la plus absolue des apparatchiks », une héritière qui s'est coulée dans les pas de son père. Et d'ajouter : « On ne confie pas un pays de 68 millions d'habitants, avec l'ampleur des sujets à régler, à quelqu'un qui n'a même pas géré une mairie. Quand on veut être président de la République, on ne fait pas la finale de Roland-Garros, comme Rafael Nadal, si on n'a pas commencé à taper des balles dans les premiers tournois. Elle n'a jamais géré quoi que ce soit et, du jour au lendemain, elle se dit que parce que c'est elle, tout va s'améliorer ? On a déjà testé avec Emmanuel Macron, merci, on a vu le résultat. Pour y parvenir, il faut s'être confronté au système en essayant de faire passer des dossiers, de porter des projets. Il faut être rentré dans le mur et s'être posé la question : "Pourquoi ça ne fonctionne pas ?" »

Les Naufrageurs

La députée du Pas-de-Calais a paradoxalement pris le risque d'accroître encore ce procès en incompétence en s'engageant à nommer à Matignon, si elle était élue, Jordan Bardella. Était-il stratégiquement habile pour une aspirante présidente sans expérience de la gestion publique de désigner comme potentiel chef du gouvernement et d'une majorité à l'Assemblée un jeune homme de moins de 30 ans n'ayant jamais exercé de mandat parlementaire national ni géré de collectivité ? Quelle serait l'autorité d'un tel tandem exécutif ? Les promesses de grands soirs et les coups de menton ne garantissent pas, on l'a vu, un bilan. « Elle nous propose de mettre à la tête de l'État deux personnalités qui n'ont jamais géré un budget, jamais porté un projet, jamais été aux commandes d'un seul exécutif. Je ne crois pas que les Français acceptent cela », achève Laurent Wauquiez.

Au sein même du RN, où Jordan Bardella compte quelques solides ennemis, cette promesse interroge, sauf à penser qu'il s'agit de contenir ses hautes ambitions. « Le fait de dire que Bardella serait son Premier ministre est une erreur stratégique majeure. Ça donne l'impression qu'on se répartit les postes à l'avance et ça douche beaucoup d'espoirs ! Il n'a jamais occupé de fonction exécu-

La « marinisation » des esprits

tive, jamais été conseiller municipal », réprouve un parlementaire du RN.

Si cette absence d'expérience de la chose publique ne suffisait pas à dissuader les électeurs en 2027, les bilans d'une Giorgia Meloni ou d'un Donald Trump, s'il était réélu, feront peut-être office de repoussoir. « Le populisme est un mensonge. Les solutions qu'il propose sont des problèmes supplémentaires qui s'ajoutent à ceux déjà existants. Les populistes britanniques de Ukip ont proposé la sortie de l'Union européenne et on a vu ce que ça coûtait au Royaume-Uni. Ça n'empêche pas les populistes néerlandais de proposer la même chose... » constate Bernard Cazeneuve.

Le cauchemar des adversaires du Rassemblement national, si Marine Le Pen accédait au pouvoir ? « Qu'elle mette le pays complètement dans le fossé », redoute en privé Bruno Le Maire. « Ce sera d'abord beaucoup d'incompétence, et ce sera terrible pour une partie de la population », s'inquiète Laurent Berger. Loin de répondre à la détresse civique, le tandem Le Pen-Bardella risquerait de l'accroître considérablement. Avec quelles funestes conséquences ? « Elle profite de la crise politique, mais elle va l'accentuer. Elle peut gagner sur l'idée qu'on ne l'a jamais essayée, mais elle va décevoir énormément, achève un parlementaire européen. Elle veut accéder au pouvoir, pour des raisons personnelles et familiales, mais elle n'en fera rien et c'est cela le plus dangereux : c'est là qu'un vrai populiste à la Trump peut arriver. »

Épilogue

« Le jour où tous les damnés de la terre s'associeront avec tous les cinglés, on est mal ! » s'exclame, avec son sens inné de la formule Jean-Louis Borloo, qui pressent « un drame » à venir. Reste à savoir lequel. Comme l'ancien ministre emblématique des années Chirac, nombre de personnalités politiques parmi les plus expérimentées, toutes tendances confondues, pour beaucoup des élus de terrain avec les pieds plantés dans la glaise, avouent redouter que le décennat d'Emmanuel Macron ne soit la dernière station avant l'extrémisme ou une explosion sociale de grande ampleur. Tous confient sentir un climat « pré-insurrectionnel », une France transformée en « Cocotte-minute ». Après le séisme des Gilets jaunes, les manifestations monstres contre la réforme des retraites – celle de l'hiver 2020, puis de l'hiver 2023 –, les brutales émeutes urbaines et la crise agricole qui ont pris le pouvoir de court, tous se demandent par où, cette fois, la vapeur s'échappera. Dans la rue ou dans l'isoloir ?

« Les gens veulent que ça pète. Ça se finira soit par une insurrection électorale avec Marine Le Pen et Jordan Bardella, soit par une insurrection populaire parce que les gens ont trop la dalle. Il faut presque souhaiter que ça se passe dans les urnes plutôt que dans la rue... » dissèque un stratège des Républicains. Tous les ingrédients d'un embrasement sont sur la table, entre la vie chère, les difficultés pour se loger, un tournant de la rigueur qui ne dit pas encore son nom, les bruits de bottes aux portes de l'Europe et une défiance sans précédent envers toute forme d'autorité. « On va vers une explosion sociale multifacettes. Ce sera pire que les Gilets jaunes car ça va bien au-delà. Ça gangrène toute la société, même les élites, même les élus locaux qui avaient le sentiment sincère d'être des hussards de la République pour aider les gens et qui sont découragés. La présidentielle n'ayant lieu qu'en 2027, je ne pense pas qu'on passe cette période sans une insurrection. Je sens tout ça très mal », renchérit un autre ex-ministre de Jacques Chirac, père de la « fracture sociale », pour qui le Rassemblement national pourrait bien devenir le réceptacle de cette ébullition. « Tout une partie de la population se dit : "Maintenant ça suffit, il faut un retour à l'ordre." C'est Mai 68, sauf que le retour de balancier ne va plus vers la droite traditionnelle mais vers le RN qui incarne l'ordre parce qu'ils ne sont pas déjantés comme les Insoumis, qui font les fous à l'Assemblée. Marine Le Pen apparaît respectabilisée. Et si elle était empêchée, Jordan Bardella serait élu dans un fauteuil. C'est le gendre idéal, bien peigné, poli et propre sur lui. »

*

D'aucuns brandissent même la menace d'un second tour opposant Jean-Luc Mélenchon à la triple finaliste du RN, lors de la prochaine présidentielle. Une hypothèse pas si baroque si l'on se retrouve avec un émiettement de candidatures tel qu'il abaisserait mécaniquement le seuil de qualification pour le duel final. « Je pense que Mélenchon a une chance d'être au second tour. S'il parvient à mobiliser un électorat issu de l'immigration et des abstentionnistes, il peut y arriver, esquisse un ancien Premier ministre, qui suggère un petit jeu pour agrémenter les réunions de famille : Et vous, pour qui voteriez-vous ? Pour Le Pen ou Mélenchon ? » Pugilat assuré.

Les Naufrageurs

Maire de L'Haÿ-les-Roses, Vincent Jeanbrun est aux avant-postes de la colère sociale. Et ce scénario catastrophe pour 2027 lui trotte dans la tête au vu de ce qu'il perçoit sur le terrain : « On voit des gens dans une misère folle, qui sautent des repas pour que leurs enfants mangent, du jamais-vu. Soit vous êtes victime du désordre – au sens de l'absence d'ordre républicain, d'autorité – et vous votez pour Marine Le Pen. Soit vous vous sentez victime d'une injustice – parce que vous n'avez rien à manger dans le frigo, que vous n'arrivez plus à payer vos factures à la fin du mois – et vous votez Jean-Luc Mélenchon. » Le triomphe des extrêmes.

Le pays cédera-t-il à cette pulsion mortifère du chamboule-tout ? Il reste quelques raisons d'espérer. Les témoignages des personnalités qui ont accepté de s'exprimer à visage découvert dans cet ouvrage sont autant de preuves qu'une partie du monde politique a pris conscience de l'ampleur de l'écœurement des citoyens et de la nécessité d'y remédier sans plus tarder. Il n'est que temps d'ouvrir le moteur de notre démocratie pour en sortir les pièces endommagées, de réfléchir aux réformes qu'il n'aurait jamais fallu engager, d'ouvrir largement les écoutilles.

Épilogue

De premières tentatives ont vu le jour, avec le débat sur le retour du cumul des mandats, si impopulaire que semble cette piste, celui sur la protection des élus trop souvent menacés, ou sur la place du référendum dans la vie de la cité. Emblème de ces maires vintage et plébiscités, André Santini (Issy-les-Moulineaux) invite à revenir d'urgence à ce qu'il appelle « la République de village » : « Il y a un manque d'écoute, regrette-t-il. J'ai gravi tous les échelons, j'ai été député une quarantaine d'années, trois fois ministre et je passe mon temps à écouter les gens. Je fais ça à la japonaise : je perds du temps en réunion avant, pour en gagner après. Il faut reprendre le dialogue partout. Aujourd'hui, ça se bouscule, les gens se sentent au milieu d'une machine à laver, tous les matins il y a un truc à la con qui leur tombe dessus ! Il faut qu'ils se sentent respectés. »

Homme de modération s'il en est, l'ancien leader syndical Laurent Berger veut croire que des hommes et femmes politiques à la droiture irréprochable sauront se mobiliser pour empêcher le pire. « La question, c'est l'intégrité et l'éthique de celui ou celle qui deviendra le patron. Vous emmenez qui vous voulez si vous êtes exemplaire. L'éthique, l'exemplarité, jamais la petite phrase de trop, jamais le mot qui blesse, espère-t-il. J'ai envie d'être impressionné par les politiques, pas parce qu'ils seraient forts en thème, non. J'ai envie de sentir de la sincérité, de l'humanité, j'ai envie qu'on m'embarque. »

*

Le pire n'est jamais certain. « Il y a aussi des surprises heureuses dans l'histoire de France. Il ne faut pas se rater. Est-ce qu'en 2027 on refait 1940, l'effondrement et Pétain, en se donnant à un homme ou à une femme providentiels, à un tyran ? Ou est-ce qu'on refait 1958 et la refondation ? » s'interroge l'ancien député LR Guillaume Larrivé, devenu conseiller d'État, qui s'est juré de tout faire à son échelle pour que le pays ne sombre pas. Tout comme la tête pensante Emmanuelle Mignon, dont il est proche, qui a repris du service à droite pour faire jaillir des idées alors que rien ne la contraignait à quitter son confort dans le privé, parce qu'elle n'entend pas « rester les bras croisés » face à l'ascension du RN. Ensemble, ils se sont promis de ne pas devenir la génération qui aura remis les clés aux extrêmes.

À gauche aussi, des figures refusent de céder à la fatalité, de François Ruffin à Raphaël Glucksmann. « On a toutes les cartes en main, mais

Épilogue

ça dépend de nous, veut croire ce dernier. Il faut retrouver foi dans les principes constitutifs de nos démocraties. La situation est horrible mais il y a aussi des nouvelles extrêmement positives : ça fait plus de deux ans que le peuple ukrainien est littéralement en train de se sacrifier pour simplement nous ressembler, vivre comme nous, nous aimer. On a un problème majeur, c'est qu'on a désappris à dire qui on est et à aimer ce qu'on est. » Bernard Cazeneuve aussi s'accroche à l'idéal républicain, quand tout semble si désespéré. « Il faut essayer, malgré tout, de faire et de dire tout ce qui peut être fait et dit pour éviter le pire. Et il faut beaucoup de courage pour le faire parce que tout ce que vous pouvez dire de sensé aujourd'hui vous condamne à la plus extrême solitude. Le système est formaté et mis en mouvement de telle manière que si vous êtes du parti de la rigueur intellectuelle, de la nuance, vous êtes seul », souffle l'ancien Premier ministre, pour qui « on n'a pas le droit de ne pas essayer ». Sinon, gare.

Féru d'histoire, l'ancien ministre Jean-François Copé, qui abrite dans sa ville de Meaux le musée de la Grande Guerre, rappelle que notre parenthèse libérale n'est qu'un battement d'ailes au regard des siècles passés. Peu porté à l'emphase, il s'alarme des lourds nuages à l'horizon qui pourraient faire de nous, à force de trous dans la coque, des naufragés : « Quand les défenseurs de la démocratie la désarticulent, ça ne peut pas marcher. La démocratie est mortelle. C'est une construction, un effort. C'est la dictature qui est naturelle. »

Remerciements

Répondre à une mise en accusation est pour le moins contre-intuitif lorsque rien ne vous y oblige, sinon l'urgence des temps. « Pourquoi une partie des Français vous ont-ils zappés ? Pourquoi vous considèrent-ils comme impuissants, incapables de changer leur vie ? » vous ai-je demandé. Vous auriez pu m'envoyer paître. Quand Thierry, mon éditeur estimé, m'a suggéré cette idée, j'ai moi-même tiqué, avant de comprendre que j'avais cette question tapie au fond de moi depuis presque un quart de siècle que j'erre dans les couloirs de la République. Parce que la crise de confiance qui corrode notre vie publique et menace de nous projeter dans l'inconnu vous ronge les sangs, vous avez répondu présent, ouvert le capot de nos institutions, crevé les abcès, concédé des erreurs. On ne devient pas responsable politique pour rien, on ne se fait pas élire si on n'a pas le bien commun arrimé à l'âme. Quand on aime la politique, on ne peut que se désespérer de la voir en si triste état, jusqu'à la pulsion nihiliste de tout bazarder dans un grand feu de joie. Aux responsables politiques qui ont bien voulu me répondre, chefs de gouvernement, ministres actuels et anciens, présidents de hautes institutions, maires, présidents de région, parlementaires, conseillers de l'ombre, « sages » et préfets, tous grands serviteurs de l'État animés de la volonté de faire, et de faire bien, ce simple mot : merci. Parce que nous n'avons, collectivement, pas le droit de baisser les bras.

Table des matières

Prologue 9

1. Le mirage du « et en même temps » 19
   « Dépressurisation » présidentielle 22
   Les deux bouts de l'omelette 28
   Néron 32
   La consécration des extrêmes 38

2. Le complexe de Superman 43
   La Ve République, cet egotrip 46
   Le quinquennat, « belle connerie » 54
   Les leçons de Fabius 59

3. Le grand strip-tease 63
   L'hédonisme au pouvoir 65
   Chef de l'État, animal froid 71
   La « présidentialite », cette maladie contagieuse .. 79

4. Gulliver enchaîné 85
   Les nains de la mondialisation 86
   Les Shadoks au pouvoir 94
   La révolution avortée 102
   Si on avait écouté le Général... 109

5. Haro sur les cours suprêmes 113
   Coupable légèreté 116
   Le temps béni de la pandémie 123

6. La révolte des « sans-cravates » 131
   L'offense faite au peuple 134
   Au ban de la République 138
   Nicolas et Pimprenelle 144

7. Passeport pour les emmerdes 153
   Viande hachée 156
   Pognon de dingue 162
   Députés « TikTok » 167
   Bienvenue en enfer 171

8. La trahison du peuple 177
   L'électeur, ce gêneur 179
   Déconnectés 188
   La méthode Attal 195

9. La « marinisation » des esprits 201
   Quand le vernis craque 209
   « En même temps » à la mode RN 215
   Brevet d'incompétence 218

Épilogue 223

Remerciements 231

édition pré-presse
livres numériques

44400 Rezé

Imprimé en France par
CPI Brodard & Taupin
en avril 2024